中等职业教育智能财会融合教材出版工程

总主编：徐 俊

企业会计实务能力训练手册

QIYE KUAIJI SHIWU NENGLI XUNLIAN SHOUCE

周会林◎主编　葛炳伟◎副主编

图书在版编目(CIP)数据

企业会计实务能力训练手册 / 周会林主编. -- 上海：立信会计出版社，2025.1. -- ISBN 978-7-5429-7872-1

Ⅰ. F275.2-44

中国国家版本馆 CIP 数据核字第 2025ZM2124 号

策划编辑　　华春荣
责任编辑　　王秀宇
美术编辑　　北京任燕飞工作室

企业会计实务能力训练手册
QIYE KUAIJI SHIWU NENGLI XUNLIAN SHOUCE

出版发行	立信会计出版社
地　　址	上海市中山西路 2230 号　　邮政编码　200235
电　　话	(021)64411389　　传　　真　(021)64411325
网　　址	www.lixinph.com　　电子邮箱　lixinaph2019@126.com
网上书店	http://lixin.jd.com　　http://lxkjcbs.tmall.com
经　　销	各地新华书店
印　　刷	浙江临安曙光印务有限公司
开　　本	787 毫米×1092 毫米　　1/16
印　　张	9.25
字　　数	125 千字
版　　次	2025 年 1 月第 1 版
印　　次	2025 年 1 月第 1 次
书　　号	ISBN 978-7-5429-7872-1/F
定　　价	39.00 元

如有印订差错，请与本社联系调换

总 序

随着数字经济的飞速发展,新技术层出不穷,新业态日新月异,新岗位和新规程不断涌现,为会计职业教育带来了前所未有的挑战与机遇。人工智能、大数据、云计算等新技术的广泛应用,不仅改变了企业的商业运行模式,也重塑了传统会计工作的组织和流程,逐步形成了基于数据驱动的财务全流程自动化和智能化管理服务模式。数字赋能,极大提高了会计信息质量,提高了会计工作效率,降低了会计管理成本。在这一时代背景下,中职会计事务专业也面临着转型升级的新要求。

为适应新时代中职会计人才培养的新变化,2021年,教育部发布了中职会计事务专业简介,提出了新的专业课程体系。但一直以来,相关专业教材的建设相对滞后。为此,我们组织了一批中职学校专业教师和企业会计实务专家,编写了这套中等职业教育智能财会融合教材出版工程系列教材,以满足学校全面推进专业转型和教学改革需要。本套教材力求体现以下特点:

一、系统规划统筹安排。本套教材依据新的中职会计事务专业简介和相关专业课程体系,基于新的课程标准,注意界定不同专业课程之间的内容边界,避免大量重复交叉。同时,总体采用项目化教材建设理念,创新人才培养模式和教学方法。

二、对接新岗位和新业态。本套教材从职业能力出发,适应公司独立财务核算、财务共享和财税代理服务不同管理服务模式要求,主动融入新技术、新方法、新规程,服务新型会计职业人才的培养。

三、体现业财融合和管理转型。本套教材将信息化工作环境下的业务处理流程融入会计核算过程,适应会计职能拓展要求,切实改变传统中职会计专业教材重会计核算、轻会计监督的倾向,将会计审核业务化、实操化。

四、建设立体化教材资源。本套教材基于教育信息化改革，同步推进教材在线服务平台、数字教学资源、标准化题库和数字仿真实训等资源的建设。

五、探索会计理论方法创新。本套教材从会计信息化管理手段出发，针对传统教材中基于手工操作的某些基本理论和基本方法，积极探索，试图在若干会计基础理论与方法上有所创新。

六、共建双师型教材编写团队。本套教材参编人员包括中职学校专业教师和企业会计实务专家，双师型教师占比超过80%。主编老师大多具有中职学校正高级讲师职称，并全程参与国家新一轮中职会计事务专业教学标准和专业简介课题研制，熟悉会计改革方向和学校人才培养要求。

实事求是地说，开创一种新型中职会计事务专业教材体系是一项艰巨而复杂的工程，缺乏可资借鉴的现成模式和经验成果。这套教材不可避免地会存在这样或那样的问题和不足。但时代的进步、社会的发展和企业对新型人才培养的需求，促使我们无法回避作为职业教育工作者的责任和使命。我们希望通过这套教材的推出，能够为中职会计事务专业的数字化转型升级探索一条可能路径，贡献我们的一份力量，为新型教材的建设打下一定基础。

徐　俊

本书是中等职业教育智能财会融合教材出版工程之一《企业会计实务》的配套辅助用书。《企业会计实务能力训练手册》依据现行的《企业会计准则》和相关制度的规定，按照中等职业教育会计事务专业人才培养方案的要求，结合专业教师的实际教学经验总结编写而成，本书共有八个训练项目，旨在帮助提高学生会计实务的理论水平和操作技能。

本书主要适用于中职财经商贸类专业学生教学，也可作为企业从业人员的自学用书。

本书由南京财经高等职业技术学校周会林担任主编，葛炳伟担任副主编。周会林负责拟定编写要求、统稿和终审，葛炳伟负责初审和校对。本书的参编者由南京财经高等职业技术学校史有萍、张思亚，江苏省吴江中等专业学校刘琴，苏州市太湖旅游中等专业学校戴军桃，新疆维吾尔自治区伊犁哈萨克自治州财贸学校申凤玉、余会勇担任。

限于编者的水平，本书可能存在疏漏和不足之处，望广大同仁批评指正，帮助我们共同提升图书质量，在此深表谢意！

编　者
2025 年 1 月

项目一　核算资金筹集业务 …………………………………… 001

项目二　核算采购与应付业务 ………………………………… 017

项目三　核算销售与应收业务 ………………………………… 041

项目四　核算固定资产和无形资产业务 ……………………… 065

项目五　核算职工薪酬业务 …………………………………… 089

项目六　核算与控制成本与期间费用 ………………………… 103

项目七　核算财务成果 ………………………………………… 113

项目八　编制财务报表 ………………………………………… 127

项目一 核算资金筹集业务

一、单项选择题

1. "短期借款"科目的期末余额（　　）。
   A. 在借方　　　　　　　　B. 在贷方
   C. 在借方或贷方　　　　　D. 无法确定方向

2. "应付利息"科目属于（　　）类科目。
   A. 资产　　　　　　　　　B. 负债
   C. 损益　　　　　　　　　D. 所有者权益

3. "财务费用"科目属于（　　）。
   A. 资产类科目　　　　　　B. 负债类科目
   C. 损益类科目　　　　　　D. 所有者权益类科目

4. 根据《中国人民银行关于人民币存贷款计结息问题的通知》的规定，企业的短期借款利息一般是根据与银行签订的合同规定（　　）。
   A. 按周计提　　　　　　　B. 按月计提
   C. 按季计提　　　　　　　D. 按年计提

5. 企业计提短期借款利息时，应借记（　　）科目，贷记"应付利息"科目。

解题心得

A. "销售费用" B. "管理费用"
C. "财务费用" D. "研发费用"

6. 企业支付短期借款利息时,应借记(   )科目,贷记"银行存款"科目。
A. "销售费用" B. "管理费用"
C. "应付利息" D. "研发费用"

7. 企业归还短期借款本金时,应借记(   )科目,贷记"银行存款"科目。
A. "短期借款" B. "长期借款"
C. "应付利息" D. "其他应付款"

8. 企业借入长期借款,应按实际收到的金额,借记"银行存款"科目,贷记(   )科目。
A. "短期借款" B. "长期借款"
C. "应付利息" D. "应付债券"

9. 企业借入的长期借款利息费用,应当在资产负债表日按照(   )计算确定。
A. 合同利率法 B. 实际利率法
C. 名义利率法 D. 协议利率法

10. 企业筹建期间的长期借款利息费用,应计入(   )。
A. 销售费用 B. 管理费用
C. 应付利息 D. 研发费用

11. 企业正常生产经营期间,长期借款用于购建固定资产等符合资本化条件的,在资产尚未达到预定可使用状态前,所发生的利息支出应当资本化,计入(   )。
A. 销售费用 B. 管理费用
C. 财务费用 D. 在建工程

做题记录

12. 企业正常生产经营期间,企业长期借款用于购建固定资产等符合资本化条件的,在资产达到预定可使用状态后发生的利息支出,以及按规定不予资本化的利息支出,计入(　　)。
    A. 销售费用　　　　　　　　B. 管理费用
    C. 财务费用　　　　　　　　D. 在建工程

13. 企业归还长期借款本金时,应借记(　　)科目,贷记"银行存款"科目。
    A. "短期借款"　　　　　　　B. "长期借款"
    C. "应付利息"　　　　　　　D. "应付债券"

14. 当实收资本比原注册资金增加或减少超过(　　)时,应持资金使用证明或者验资证明向原登记主管机关申请变更登记。
    A. 20%　　　B. 40%　　　C. 60%　　　D. 80%

15. 股份有限公司以外的企业接受现金资产投资时,应贷记的科目是(　　)。
    A. "股本"　　　　　　　　　B. "实收资本"
    C. "盈余公积"　　　　　　　D. "留存收益"

16. 股份有限公司发行股票收到现金资产时,借记"银行存款"科目,按每股股票面值和发行股份总数的乘积计算的金额,贷记(　　)科目。
    A. "股本"　　　　　　　　　B. "实收资本"
    C. "盈余公积"　　　　　　　D. "留存收益"

17. 股份有限公司采用收购本公司股票方式减资的,应通过(　　)科目核算回购股份的金额。
    A. "股本"　　　　　　　　　B. "库存股"
    C. "实收资本"　　　　　　　D. "盈余公积"

解题心得

18. 企业的资本公积属于企业的( )。

  A. 流动资产   B. 非流动资产

  C. 非流动负债   D. 所有者权益

二、多项选择题

1. 企业因资金需要向相关银行提出贷款书面申请,填写贷款申请书。贷款申请书的内容包括( )。

  A. 贷款金额   B. 贷款用途

  C. 偿还能力   D. 还款方式

2. 下列各项中,属于企业贷款申请书基本资料的有( )。

  A. 企业名称   B. 注册地址

  C. 注册资本   D. 法人身份证

3. 下列各项中,属于企业贷款申请书辅助资料的有( )。

  A. 企业发展规模情况   B. 产品情况、市场情况

  C. 企业自身经营规模   D. 财务状况分析及趋势预测

4. 下列各项中,属于企业贷款申请业务办理所需资料的有( )。

  A. 授信申请   B. 贷款用途

  C. 资金使用方向   D. 企业董事会决议

5. 企业贷款审批流程包括( )。

  A. 贷款立项   B. 信用评估

  C. 可行性分析   D. 贷前审查

做题记录

6. 企业对借入的短期借款,核算内容包括(　　　)。
   A. 取得短期借款本金　　　　B. 发生短期借款利息
   C. 归还短期借款本金和利息　D. 分配企业股利或利润

7. 下列各项中,正确的短期借款利息计算公式有(　　　)。
   A. 短期借款年利息 = 短期借款本金 × 年利率
   B. 短期借款季利息 = 短期借款本金 × 年利率 ÷ 3
   C. 短期借款月利息 = 短期借款本金 × 年利率 ÷ 12
   D. 短期借款日利息 = 短期借款本金 × 年利率 ÷ 360

8. 企业核算长期借款利息时,可能借记的科目有(　　　)。
   A. "在建工程"　　　　B. "制造费用"
   C. "财务费用"　　　　D. "研发支出"

9. 我国《公司法》规定,股东的出资方式包括(　　　)。
   A. 货币出资　　　　B. 实物资产
   C. 知识产权　　　　D. 土地使用权

10. 公司或企业的资本公积可以转增的有(　　　)。
    A. 股本　　　　B. 库存股
    C. 实收资本　　D. 盈余公积

三、判断题

1. 企业借款是指企业根据其生产经营等活动对股权投入资金的需要。(　　)
2. 资金是企业生存和发展的必要条件。(　　)
3. 企业借入短期借款时,应借记"短期借款"科目,贷记"银行存款"科目。(　　)

解题心得

4. 企业的短期借款利息如果数额不大的可以不采用预提的方法，而在实际支付或收到银行的计息通知时，直接计入当期损益，借记"财务费用"科目，贷记"银行存款"科目。（　　）

5. 实收资本是指企业按照章程规定或合同、协议约定，接受投资者投入企业的资本。（　　）

6. 对股份有限公司而言，实收资本又称为股本，其在金额上等于股份面值和股份总额的乘积。（　　）

7. 股东应当按期足额缴纳公司章程中规定的各自所认缴的出资额。（　　）

8. 企业的实收资本应保持固定不变。（　　）

9. 股份有限公司"股本"科目的期末贷方余额反映公司发行在外的股票价格。（　　）

10. 股份有限公司减资时（注销股份时），按股票市价和注销股数计算的股票面值总额，借记"股本"科目，按注销库存股的账面余额，贷记"库存股"科目。（　　）

11. 资本公积是企业收到投资者出资额低于其在注册资本（或股本）中所占份额的部分，以及其他资本公积等。（　　）

12. 资本溢价（或股本溢价）是企业收到投资者的超出其在企业注册资本（或股本）中所占份额的投资。（　　）

13. 资本公积直接反映企业所有者在企业的基本产权关系，可以作为企业持续经营期间进行利润或股利分配的依据。（　　）

14. "资本公积"科目借方登记资本公积的增加额，贷方登记资本公积的减少额。（　　）

做题记录

15. 股份有限公司发行股票相关的手续费、佣金等交易费用，应计入财务费用。
（　　）

四、业务题

1. 2023年12月10日，甲有限责任公司取得期限6个月、年利率5.4%的银行借款300 000元，该借款按季度支付利息。

   要求：请编写取得借款的会计分录。

2. 2023年12月31日，甲有限责任公司计提12月10日借入的短期借款利息费用。

   要求：请编写计提利息费用的会计分录。

解题心得

3. 2024年6月10日,甲有限责任公司归还短期借款本金300 000元。

要求:请编写归还借款本金的会计分录。

4. 2024年12月1日,甲有限责任公司实际取得期限3年期、年利率7.2%的银行借款4 000 000元,该借款用于公司的工程建设。工程已经开始,预计建设期为1年。

要求:请编写取得借款的会计分录。

> **做题记录**

5. 2024年12月31日，甲有限责任公司对12月1日的借款计提利息费用。

要求：请编写计提利息费用的会计分录。

6. 假设2027年12月1日，甲有限责任公司偿还长期借款本金4 000 000元。

要求：请编写归还借款本金的会计分录。

解题心得

7. 2024年12月1日，乙股份有限公司接受股东欣欣有限责任公司投入货币资金 500 000 元，与投资合同或协议约定的投资者在企业注册资本中所占的份额一致。

要求：请编写乙股份有限公司接受投资的会计分录。

8. 2024年12月10日，乙股份有限公司发行普通股 5 000 万股，每股面值为 1 元，每股发行价也是 1 元，假定股票发行成功且无手续费。

要求：请编写乙股份有限公司发行股票的会计分录。

> **做题记录**

9. 2024年12月20日,乙股份有限公司接受股东欣欣有限责任公司投入一台不需要安装的生产设备,合同约定该设备的价值为200 000元、增值税进项税额为26 000元。该增值税由投资方支付,并提供或开具增值税专用发票。经约定接受的投入资本为226 000元,全部作为实收资本。合同约定的固定资产价值与公允价值相符。

要求:请编写乙股份有限公司接受投资的会计分录。

10. 2024年12月6日，乙股份有限公司接受股东欣欣有限责任公司投入非专利技术一项。该非专利技术投资合同约定价值为100 000元，增值税进项税额为6 000元。该增值税由投资方支付，并提供或开具增值税专用发票。同时收到股东旺旺有限责任公司作为资本投入的土地使用权一项，投资合同约定价值为200 000元，增值税进项税额为18 000元。该增值税由投资方支付税款，并提供或开具增值税专用发票。以上事项均已办妥财产权转移手续。

要求：请编写乙股份有限公司接受投资的会计分录。

做题记录

11. 乙股份有限公司是一家上市公司，2024 年 12 月 31 日的股本为 30 000 000 元（面值为 1 元），资本公积（股本溢价）为 9 000 000 元，盈余公积为 12 000 000 元。经股东大会批准，该公司以现金回购方式回购本公司股票 6 000 000 股并注销。假定该公司按每股 2 元回购股票，不考虑其他因素。

   要求：请编写乙股份有限公司回购、注销本公司股份的会计分录。

12. 丙有限责任公司由两位投资者甲、乙共同投资 500 000 元设立，每人各出资 250 000 元。一年后，为扩大经营规模，经批准公司注册资本增加到 750 000 元，并引入第 3 位投资者丁公司加入。按照投资协议，丁公司需缴入现金 300 000 元，同时享有该公司三分之一的股份。丙有限责任公司已收到该现金投资。假定不考虑其他因素。

   要求：请编写丙有限责任公司接受投资的会计分录。

13. 2024 年 12 月 20 日，海陵股份有限公司首次公开发行普通股 30 000 000 股，每股面值 1 元，每股发行价格为 2.50 元。该股份有限公司与证券公司约定，按发行收入的 2% 收取佣金，从发行收入中扣除。假定收到的股款已存入银行。

    要求：请编写海陵股份有限公司发行股票的会计分录。

14. 乙股份有限公司因扩大经营规模需要，经批准公司按原出资比例将资本公积中的 500 000 元转增资本，其中股东欣欣有限责任公司占 20%，旺旺有限责任公司占 10%，汇智有限责任公司占 70%。

    要求：请编写乙股份有限公司转增资本的会计分录。

项目笔记

项目笔记

学习进度 12%,你已迈出坚实一步,下一站,辉煌在望!

项目二 核算采购与应付业务

一、单项选择题

1. 原材料按实际成本核算,不会涉及的会计科目是( )。
   A. "银行存款" B. "应付账款"
   C. "原材料"   D. "材料采购"

2. 某企业材料采用计划成本核算。月初结存材料的计划成本为130万元,材料成本差异为节约20万元。此时,下列说法正确的是( )。
   A. "原材料"科目期初借方余额130万元
   B. "材料采购"科目期初借方余额130万元
   C. "在途物资"科目期初借方余额130万元
   D. "材料成本差异"科目期初借方余额20万元

3. 某企业材料采用计划成本核算。月初结存材料计划成本为200万元,材料成本差异为节约20万元,当月入库材料一批,实际成本为135万元,计划成本为150万元。假设本月未领用材料,则当月结存材料的实际成本为( )万元。
   A. 315   B. 330   C. 355   D. 370

解题心得

4. 关于"材料成本差异"科目,表述正确的是( )。

   A. 期末贷方余额反映库存材料的超支差异

   B. 期末余额应在资产负债表中单独列示

   C. 期末贷方余额反映库存材料的节约差异

   D. 借方登记入库材料的节约差异

5. A企业为增值税一般纳税人,原材料的核算采用计划成本法,原材料计划单位成本为每吨20元。本期购进原材料6 000吨,但并未取得增值税专用发票,只取得了增值税普通发票,发票上注明的价款总额为119 340元。另发生运杂费1 400元、途中保险费359元。原材料运抵企业后验收入库原材料5 995吨,运输途中合理损耗5吨。不考虑其他因素,购进材料的成本差异(超支)为( )元。

   A. 1 099   B. 1 199

   C. 16 141   D. 16 241

6. 下列各项中,不属于库存商品的是( )。

   A. 接受来料加工制造的代制品

   B. 寄存在外的商品

   C. 为外单位加工修理的代修品

   D. 已完成销售手续,客户未领取的商品

7. 某企业为增值税一般纳税人,购买原材料取得的增值税专用发票上注明的价款为10 000元,增值税税额为1 300元(已经税务机关认证),款项以银行本票结算,原材料已验收入库。不考虑其他因素,该企业购买原材料会计处理正确的是( )。

做题记录

A. 借：原材料　　　　　　　　　　　　　　　　　10 000
　　　　应交税费——应交增值税（进项税额）　　　　　1 300
　　　　　贷：其他货币资金——银行本票　　　　　　　　　11 300
　　B. 借：原材料　　　　　　　　　　　　　　　　　11 300
　　　　　贷：其他货币资金——银行本票　　　　　　　　　11 300
　　C. 借：原材料　　　　　　　　　　　　　　　　　10 000
　　　　应交税费——应交增值税（进项税额）　　　　　1 300
　　　　　贷：银行存款　　　　　　　　　　　　　　　　11 300
　　D. 借：原材料　　　　　　　　　　　　　　　　　10 000
　　　　应交税费——应交增值税（进项税额）　　　　　1 300
　　　　　贷：应付票据　　　　　　　　　　　　　　　　11 300

8. 期初材料计划成本为500万元，超支差异为90万元。本月入库材料计划成本1 100万元，节约170万元。假设本月未领用材料，则当月结存材料的实际成本为（　　）万元。
　A. 1 340　　　B. 1 520　　　C. 1 680　　　D. 1 860

9. 某企业采用计划成本法进行材料日常核算，采购材料的实际成本应记入的会计科目是（　　）。
　A. "银行存款"　　　　　　　　B. "应付账款"
　C. "原材料"　　　　　　　　　D. "材料采购"

10. 某企业为增值税一般纳税人，采用计划成本核算材料成本，2024年9月购入一批原材料1 000千克，原材料单位计划成本为30元，每千克不含税价格为30元，取得的增值税专用发票上注明的增值税税额为3 900元。运输途中发

> **解题心得**
>
> ....
>
> ....
>
> ....
>
> ....

生合理损耗50千克,入库前发生挑选整理费200元(不含税)。"原材料"科目应记入(　　)元。

　　A. 28 500　　　　B. 28 700　　　　C. 30 000　　　　D. 30 200

11. 企业存放在银行的银行汇票存款应通过(　　)科目核算。

　　A."银行存款"　　　　　　　　B."其他货币资金"

　　C."在途货币资金"　　　　　　D."库存现金"

12. 下列各项中,属于周转材料的资产是(　　)。

　　A. 包装物　　　B. 原材料　　　C. 生产物资　　　D. 工程物资

13. (　　)科目核算企业各种材料实际成本与计划成本的差异额,是各材料科目的调整科目。

　　A."在途物资"　　　　　　　　B."材料成本差异"

　　C."原材料"　　　　　　　　　D."材料采购"

14. 在计划成本法下,企业已支付货款但尚在运输途中或尚未验收入库的材料,应通过(　　)科目核算。

　　A."在途物资"　　　　　　　　B."材料成本差异"

　　C."原材料"　　　　　　　　　D."材料采购"

15. 某企业为增值税一般纳税人,采用计划成本法核算材料成本。2024年4月初结存材料计划成本为56 000元,材料成本差异为超支差异8 400元。本月入库材料计划成本为60 000元,材料成本差异为节约差异2 600元。本月发出材料计划成本60 000元。不考虑其他因素,该企业本月结存材料实际成本为(　　)元。

　　A. 53 000　　　　B. 58 800　　　　C. 63 000　　　　D. 98 400

做题记录

16. 下列各项中,应通过"应付票据"科目核算的是( )。
    A. 用银行本票购买办公用品
    B. 用商业汇票购买原材料
    C. 用转账支票购买固定资产
    D. 用银行汇票购买周转材料

17. 下列各项中,不正确的应付票据的会计处理是( )。
    A. 企业到期无力支付的商业承兑汇票,应按账面余额转入"短期借款"科目
    B. 企业支付的银行承兑汇票手续费,记入"财务费用"科目
    C. 企业到期无力支付的银行承兑汇票,应按账面余额转入"短期借款"科目
    D. 企业开出商业汇票,应当按其票面金额作为应付票据的入账金额

18. 下列各项中,应通过"其他应付款"科目核算的是( )。
    A. 应付股东的现金股利   B. 应收取的包装物租金
    C. 应付的外购工程物资款   D. 收取的包装物押金

19. 2024年6月1日,甲公司"其他应付款"科目贷方余额为20 000元,当月向乙公司出借一批包装箱,收到押金3 000元并存入银行;支付上月确认的应付乙公司赔偿款10 000元;确认本月短期借款利息20 000元。不考虑其他因素,2024年6月30日甲公司"其他应付款"科目余额为( )元。
    A. 13 000   B. 33 000   C. 23 000   D. 3 000

20. 甲企业为增值税一般纳税人,适用的增值税税率为13%,从其他企业赊购一批原材料,货款为400 000元,增值税税额为52 000元,对方代垫运杂费6 000元,原材料已验收入库。假定不考虑其他因素,甲企业该项购买业务应确认应付账款的入账价值为( )元。

解题心得

A. 458 000　　　B. 468 000　　　C. 406 000　　　D. 400 000

21. 企业转销确实无法支付的应付账款时,应编制的会计分录是(　　)。

    A. 借：应付账款
    　　　贷：营业外收入

    B. 借：营业外收入
    　　　贷：应付账款

    C. 借：应付账款
    　　　贷：营业外支出

    D. 借：营业外支出
    　　　贷：应付账款

22. 企业支付的银行承兑汇票的承兑手续费应列为(　　)。

    A. 营业外支出　　　　　　B. 财务费用
    C. 管理费用　　　　　　　D. 应付票据

23. 下列各项中,应付账款的会计处理不正确的是(　　)。

    A. 货物与发票账单同时到达,货物验收入库后按发票账单登记入账
    B. 货物已到但发票账单未同时到达,月份终了时应暂估入账
    C. 应付账款一般按到期应付金额的现值入账
    D. 应付账款附有现金折扣条款的,获得的现金折扣应冲减财务费用

24. 会计上作为应付票据处理的票据是指企业因采购材料、商品或接受劳务而付出的(　　)。

    A. 支票　　　　　　　　　B. 商业汇票
    C. 银行本票　　　　　　　D. 银行汇票

做题记录

25. 预付款项情况不多的企业,可以不设置"预付账款"科目,预付货款时,借记的会计科目是(　　)。
    A. "应付账款"　　　　　　　　B. "应收账款"
    C. "其他应收款"　　　　　　　D. "其他应付款"

26. 2024年6月5日,甲公司委托某量具厂加工一批量具,发出材料的计划成本为80 000元,材料成本差异率为5%,以银行存款支付运费(不含增值税)2 000元。6月25日,以银行存款支付上述量具的加工费20 000元,增值税专用发票上注明的增值税税额为2 600元。6月30日,收回委托加工的量具,并以银行存款支付运费(不含增值税)3 000元。不考虑其他因素,甲公司收回该批量具的实际成本为(　　)元。
    A. 102 000　　B. 105 000　　C. 103 000　　D. 109 000

27. 一般纳税人委托其他单位加工材料收回后直接对外销售的,其发生的下列支出中,不应计入委托加工物资成本的是(　　)。
    A. 发出材料的实际成本　　　　B. 支付给受托方的加工费
    C. 支付给受托方的增值税　　　D. 受托方代收代缴的消费税

28. 甲企业为增值税一般纳税人,委托乙企业加工一批应交消费税的材料(非金银首饰),发出原材料的实际成本为200万元,以银行存款向乙企业支付相关运费2万元,取得的增值税专用发票上注明的增值税税额为0.18万元。乙企业代收代缴消费税20万元,已用银行存款支付。该物资收回后用于连续加工应税消费品。不考虑其他因素,应计入委托加工物资成本的金额为(　　)万元。
    A. 200.00　　B. 202.00　　C. 202.18　　D. 222.00

解题心得

29. 某企业为增值税一般纳税人,委托外单位加工一批材料,发出材料的实际成本为 200 万元,支付加工费 10 万元,取得的增值税专用发票上注明的增值税税额为 1.3 万元,受托方代收代缴的可抵扣消费税 30 万元。企业收回这批材料后用于继续加工应税消费品。不考虑其他因素,该批材料加工收回后的入账价值为(　　)万元。

  A. 241.30   B. 240.00   C. 211.30   D. 210.00

30. 甲公司委托乙公司加工一批应交消费税的产品,收回后直接对外出售。甲公司发出原材料实际成本为 320 万元,支付加工费 12 万元、增值税 1.92 万元、消费税 36 万元。假定甲公司、乙公司双方均为增值税一般纳税人。不考虑其他相关税费,甲公司收回该批产品的入账价值为(　　)万元。

  A. 370.04   B. 332.00   C. 334.04   D. 368.00

二、多项选择题

1. 某工业企业为增值税一般纳税人,采用计划成本法进行存货的日常核算。2024 年 6 月 15 日购入一批 A 材料,增值税专用发票上注明的价款为 25 000 元,增值税税额为 3 250 元,运输途中合理损耗 3%,材料入库前的挑选整理费为 300 元,材料已验收入库,款项已用银行汇票结算。不考虑其他因素,该企业购入 A 材料的会计处理正确的有(　　)。

  A. 支付购买(含税)价款时:

  借:原材料   24 250.00

    应交税费——应交增值税(进项税额)   3 152.50

   贷:其他货币资金   27 402.50

做题记录

B. 支付挑选整理费时：

借：材料采购　　　　　　　　　　　　　　　　300

　　　贷：其他货币资金　　　　　　　　　　　　　　300

C. 支付挑选整理费时：

借：管理费用　　　　　　　　　　　　　　　　300

　　　贷：应付票据　　　　　　　　　　　　　　　　300

D. 支付购买（含税）价款时：

借：材料采购　　　　　　　　　　　　　　　　25 000

　　　应交税费——应交增值税（进项税额）　　　3 250

　　　贷：其他货币资金　　　　　　　　　　　　　　28 250

2. "材料成本差异"科目贷方登记的内容有（　　　）。

　　A. 购进材料实际成本小于计划成本的差额

　　B. 发出材料应负担的超支差异

　　C. 发出材料应负担的节约差异

　　D. 购进材料实际成本大于计划成本的差额

3. 关于原材料采用计划成本核算的会计处理表述中，正确的有（　　　）。

　　A. 入库原材料节约差异记入"材料成本差异"科目的借方

　　B. 发出原材料应分担的超支差异记入"材料成本差异"科目的贷方

　　C. 材料的收入、发出及结存均按照计划成本计价

　　D. 月末计算本月发出材料应负担的成本差异，将发出材料计划成本调整为实际成本

4. 其他货币资金包括（　　　）。

解题心得

A. 银行汇票存款 B. 银行本票存款

C. 外埠存款 D. 存出投资款

5. 企业的货币资金包括（　　）。

A. 库存现金 B. 应收票据

C. 银行存款 D. 其他货币资金

6. 下列各项中，属于材料采购成本的有（　　）。

A. 材料采购运输途中发生的合理损耗

B. 材料入库前的挑选整理费用

C. 购买材料的价款

D. 购入材料的运杂费

7. 原材料采用计划成本法核算时，属于"材料成本差异"科目借方核算范围的有（　　）。

A. 结转发出材料应分担的材料成本差异超支额

B. 结转发出材料应分担的材料成本差异节约额

C. 收入材料的实际成本大于库存同类型材料计划成本的差额

D. 收入材料的实际成本小于库存同类型材料计划成本的差额

8. 下列各项中，属于存货项目的有（　　）。

A. 原材料 B. 在产品

C. 周转材料 D. 工程物资

9. 下列各项中，属于周转材料的资产有（　　）。

A. 生物资产 B. 包装物

C. 低值易耗品 D. 原材料

做题记录

10. 下列各项中,应计入材料采购成本的有(　　)。
    A. 制造费用
    B. 材料采购过程中发生的保险费和运费
    C. 运输途中的合理损耗
    D. 一般纳税人购入材料支付的可以抵扣的增值税

11. 2024年2月1日,某企业购入原材料一批,开出一张面值为113 000元、期限为3个月的不带息的商业承兑汇票。5月1日,该企业无力支付票款时,会计处理不正确的有(　　)。
    A. 借：应付票据　　　　　　　　　　　　　113 000
         贷：短期借款　　　　　　　　　　　　　　113 000
    B. 借：应付票据　　　　　　　　　　　　　113 000
         贷：其他应付款　　　　　　　　　　　　　113 000
    C. 借：应付票据　　　　　　　　　　　　　113 000
         贷：应付账款　　　　　　　　　　　　　　113 000
    D. 借：应付票据　　　　　　　　　　　　　113 000
         贷：预付账款　　　　　　　　　　　　　　113 000

12. 企业因购买材料、商品或接受劳务供应等开出商业承兑汇票时,可能借记的会计科目有(　　)。
    A. "材料采购"　　　　　　B. "原材料"
    C. "库存商品"　　　　　　D. "应付票据"

13. 下列各项中,关于应付票据的表述,不正确的有(　　)。
    A. 企业支付银行承兑汇票手续费,记入"财务费用"科目的借方

解题心得

B. 应付银行承兑汇票到期,如企业无力支付票款,应借记"应付票据"科目,贷记"应付账款"科目

C. 企业以银行汇票支付未付款项时,贷记"应付票据"科目

D. 应付商业承兑汇票到期,如企业无力支付票款,应借记"应付票据"科目,贷记"短期借款"科目

14. 下列各项中,关于"预付账款"科目表述正确的有(　　)。

　　A. "预付账款"科目借方登记预付的款项及补付的款项

　　B. "预付账款"科目属于负债类科目

　　C. 预付款项情况不多的企业,也应设置"预付账款"科目

　　D. "预付账款"科目期末如有贷方余额,反映企业应付或应补付的款项

15. 某企业为增值税一般纳税人,开出银行承兑汇票购入原材料一批,并以银行存款支付银行承兑汇票手续费。下列各项中,关于该企业采购原材料的会计处理表述正确的有(　　)。

　　A. 支付的运输费计入材料成本

　　B. 支付的可以抵扣的增值税进项税额计入材料成本

　　C. 支付的原材料价款计入材料成本

　　D. 支付的票据承兑手续费计入财务费用

16. 下列各项中,不应通过"其他应付款"科目核算的有(　　)。

　　A. 应交教育费附加　　　　B. 应付销售人员工资

　　C. 应付现金股利　　　　　D. 应付外购专利款

17. 下列各项中,应通过"其他应付款"科目核算的有(　　)。

　　A. 应付职工的工资

> **做题记录**

B. 应缴纳的教育费附加

C. 应付以短期租赁方式租入设备的租金

D. 应付租入包装物的租金

18. 下列各项中,正确的应付账款会计处理有(　　　)。

   A. 确定无法偿还的应付账款,应按其账面余额计入其他业务收入

   B. 在所购货物已经验收入库,但发票账单尚未到达,待月末暂估入账时应贷记"应付账款"科目

   C. 购入商品需支付的应付账款包括增值税的金额

   D. 开出商业汇票抵付所欠货款时,将应付账款转作应付票据

19. 企业到期无力支付的商业汇票,会计处理表述正确的有(　　　)。

   A. 银行承兑汇票计入应付账款

   B. 商业承兑汇票计入其他应付款

   C. 商业承兑汇票计入应付账款

   D. 银行承兑汇票计入短期借款

20. 商业汇票的签发人可以是(　　　)。

   A. 购货单位   B. 销货单位

   C. 购货单位开户行   D. 销货单位开户行

21. 增值税一般纳税人不应计入收回委托加工物资成本的有(　　　)。

   A. 支付的加工费

   B. 随同加工费支付的增值税

   C. 支付的收回后继续加工应税消费品的委托加工物资的消费税

   D. 支付的收回后直接销售的委托加工物资的消费税

解题心得

22. 下列各项中,应计入加工收回后直接出售的委托方加工物资成本的有(　　)。

    A. 由受托方代收代缴的消费税

    B. 支付的委托加工的往返运输费

    C. 实际耗用的原材料费用

    D. 支付的加工费

23. 甲企业委托乙企业加工一批物资,发出原材料的实际成本为 100 万元,支付运杂费 3 万元,加工费 2 万元(均不考虑增值税)。乙企业代收代缴消费税 8 万元,该物资收回后用于连续加工应税消费品。不考虑其他税费,甲企业委托加工物资会计处理结果表述正确的有(　　)。

    A. 支付的运杂费 3 万元应计入委托加工物资成本

    B. 乙企业代收代缴的消费税 8 万元应计入委托加工物资成本

    C. 乙企业代收代缴的消费税 8 万元应借记"应交税费——应交消费税"科目

    D. 委托加工物资成本总额为 105 万元

24. 一般纳税人委托其他单位加工材料收回后仍要继续加工的,其发生的下列支出中,应计入委托加工材料成本的有(　　)。

    A. 发出材料的实际成本

    B. 支付给受托方的加工费

    C. 支付给受托方的增值税

    D. 受托方代收代缴的消费税

25. 有关委托加工物资的说法中,正确的有(　　)。

    A. 委托方发出委托加工物资,委托方不再确认该项存货

    B. 委托方如果采用计划成本核算存货,在发出物资时还应同时结转相应的材

做题记录

料成本差异

C. 发出委托加工物资时发生的运杂费需要计入委托加工物资的成本核算

D. 如果委托加工物资收回后用于继续加工，那么受托方代收代缴的消费税应计入委托加工物资成本核算

三、判断题

1. 为简化核算，对那些发票账单尚未到达的入库材料，月末可以暂时不进行会计处理，待收到发票账单时，再按实际价款进行会计处理。（ ）
2. 企业已支付价款但尚未验收入库的材料采购成本，应通过"原材料"科目核算。（ ）
3. 企业原材料日常核算采用计划成本法，发出材料应负担的成本差异应当在季末或年末一次计算。（ ）
4. 企业原材料日常核算采用计划成本法，如果企业的材料成本差异率各期之间是比较均衡的，可以采用期初的材料成本差异率分摊本期的材料成本差异。（ ）
5. 已经支付货款但尚未验收入库的在途材料属于购货方存货。（ ）
6. 购入材料在运输途中发生的合理损耗应计入管理费用。（ ）
7. 月末货到单未到的入库材料应按暂估价入账，并于下月初用红字冲销原暂估入账金额。（ ）
8. 企业收到退回银行汇票的多余款项，记入"其他货币资金"科目的借方。（ ）
9. 计划成本法下，本期发出材料应负担的成本差异应按期（月）分摊结转。（ ）
10. 企业采用计划成本法进行材料日常核算时，发出材料分摊材料成本差异时，

解题心得

超支差异记入"材料成本差异"科目的贷方,节约差异记入"材料成本差异"科目的借方。（　　）

11. 应付商业承兑汇票到期,企业无力支付票款的,应将应付票据按账面余额转入应付账款。（　　）

12. 企业应将因债权单位撤销而无法清偿的应付账款的账面余额计入营业外收入。（　　）

13. 某企业由于预付账款业务不多,不单独设置"预付账款"科目,对于预付的款项应通过"应付账款"科目核算。（　　）

14. 不单独设置"预付账款"科目的企业,可将预付的款项记入"应收账款"科目。（　　）

15. 企业到期无力偿付的商业承兑汇票,应按其账面余额转入"短期借款"科目。（　　）

16. "委托加工物资"科目期末余额在贷方,反映企业尚未完工的委托加工物资的实际成本等。（　　）

17. 需要交纳消费税的委托加工物资,收回后用于直接出售的,其由受托方代收代缴的消费税,应记入"税金及附加"科目。（　　）

18. 需要交纳消费税的委托加工物资,收回后还需进一步加工的,其由受托方代收代缴的消费税,应记入"税金及附加"科目。（　　）

19. 企业委托加工物资收回后直接用于销售的,应将受托方代收代缴的消费税计入委托加工物资的成本。（　　）

20. 委托加工物资不属于存货。（　　）

做题记录

四、业务题

1. 甲公司为增值税一般纳税人，适用的增值税税率为13%。该公司生产主要耗用一种原材料A，该材料按计划成本进行日常核算，A材料计划成本为每千克10元，2024年12月1日，"原材料——A材料"科目余额为40 000元，"材料成本差异——A材料"科目借方余额为5 200元。甲公司2024年12月份发生的有关业务如下：

    (1) 5日，从乙公司购入A材料5 000千克，增值税专用发票上注明的销售价格为45 000元、增值税税额为5 850元，全部款项以银行存款付清，材料尚未到达。

    (2) 10日，从乙公司购入的A材料到达，验收入库时发现短缺80千克。经查明，短缺为运输中合理损耗，按实际数量入库。

    (3) 20日，从丙公司购入A材料4 000千克，增值税专用发票上注明的销售价格为44 000元、增值税税额为5 720元，材料已验收入库，款项尚未支付。

    要求：编写甲公司相关会计分录。

解题心得

2. 某企业2024年5月份发生下列经济业务：

(1) 购入工作服100套，买价为10 000元，增值税专用发票列明增值税税款为1 300元，支付运费100元，增值税专用发票列明增值税税额9元，款项均以银行存款支付，该批工作服已入库。

(2) 购入硅胶手套200双，买价为1 000元，增值税专用发票列明增值税税额为130元，款项以银行存款支付，该批手套已入库。

该公司以计划成本核算周转材料收发，工作服的单价计划成本为100元，硅胶手套的单位计划成本为5元。

要求：编写该企业相关会计分录。

3. 甲企业为增值税一般纳税人,发生如下经济业务:

(1) 5月21日,收到乙企业给出的增值税专用发票,材料价款为20 000元,增值税税率为13%,款项未付,货物未收。该企业按计划成本核算材料成本。

(2) 5月23日,到银行申请签发银行承兑汇票,支付承兑保证金22 600元,承兑手续费11.30元(含增值税0.64元),收到增值税专用发票。

(3) 5月23日,采购员以银行承兑汇票支付。

(4) 5月26日,收到材料,验收入库,该批材料的计划成本为19 000元。

(5) 6月23日,收到承兑保证金退回以及支付乙企业款项的通知。

要求:编写甲企业相关会计分录。

4. A公司为增值税一般纳税人，2024年4月为购入一批材料向乙公司预付20 000元，以银行存款付讫。4月5日，收到该批材料，验收入库。取得的增值税专用发票上注明的价款为20 000元、增值税为2 600元；对方代垫运费1 000元、增值税为90元。5月12日，补付剩余款项，以转账支票付讫。A公司物资采购以实际成本核算。

要求：编写A公司相关会计分录。

5. A公司为增值税一般纳税人，2024年4月1日，A公司与B公司签订合同租入生产用设备一台，约定租期6个月，月租金为3 000元，增值税税率为13%，到期一次支付租金。10月1日，A公司取得B公司所开具的增值税专用发票，通过银行转账支付款项。

要求：编写A公司相关会计分录。

做题记录

6. 某企业 2024 年 11 月月初库存甲材料 500 千克,单位计划成本为每千克 20 元,材料成本差异额为超支 120 元;本月购入甲材料 3 000 千克,实际成本为 58 900 元;本月生产领用甲材料 2 400 千克。

要求:

(1) 计算甲材料成本差异率。

(2) 计算该企业当月发出甲材料实际成本。

(3) 编写本月生产领用甲材料的分录。

解题心得

7. 甲公司为增值税一般纳税人，委托外单位加工一批应税消费品，发出材料 300 万元。后以银行存款支付加工费 400 万元、增值税 52 万元、消费税 60 万元，该加工品收回后将直接用于销售。

要求：编写相关会计分录。

8. A 公司、B 公司均为增值税一般纳税人。A 公司发出原材料实际成本 210 万元，委托 B 公司加工一批应交消费税的半成品，收回后用于连续生产应税消费品。A 公司以银行存款支付加工费 4 万元、增值税 0.52 万元、消费税 24 万元。

要求：编写相关会计分录。

做题记录

项目笔记

项目笔记

学习进度 28%，本项目的难题已被你克服，未来之路，你定能一路高歌猛进！

项目 三 核算销售与应收业务

一、单项选择题

1. 下列各项中,属于合同取得成本的是( )。
   A. 差旅费　　　　　　　　B. 销售佣金
   C. 投标费　　　　　　　　D. 为准备投标资料发生的相关费用

2. 甲公司与乙公司签订合同,约定乙公司在合同签订日向甲公司预付商品货款10万元,甲公司在收到预付款后的一个月内交付商品。甲公司收到预付款时,应贷记的会计科目是( )。
   A."预收账款"　　　　　　B."其他应付款"
   C."合同负债"　　　　　　D."应收账款"

3. 甲公司签订一项合同,合同总价款为600万元,根据合同如果甲公司提前完成合同,可获得10万元的额外奖励,如果没有提前完成则没有奖励。甲公司估计提前完成合同的可能性为90%,不能提前完成合同的可能性为10%。甲公司应确认的交易价格为( )万元。
   A. 600　　B. 609　　C. 590　　D. 610

4. 甲公司与乙公司签订合同,向乙公司出租一栋办公楼。合同约定,乙公司应每

> **解题心得**

年年初支付租金。甲公司收到乙公司预付的租金时,应将其确认为( )。

  A. 预收账款   B. 其他应收款   C. 应收账款   D. 预付账款

5. 2026 年 2 月 1 日,甲公司发生了下列经济业务,其中不属于视同应税交易的是( )。

  A. 将货物委托他人代销

  B. 购入货物用于集体福利或个人消费

  C. 将自产货物用于集体福利或个人消费

  D. 将购买的货物对外投资

6. 下列各项中,属于制造业企业主营业务收入的是( )。

  A. 销售原材料收入   B. 出租包装物租金收入

  C. 出售生产设备净收益   D. 销售产品收入

7. 企业销售商品一批,售价为 10 000 元、增值税为 1 300 元,已收款。该笔业务应确认的收入是( )元。

  A. 11 300   B. 10 000   C. 8 700   D. 1 300

8. 下列各项中,属于在某一时点履行的履约义务的是( )。

  A. 客户在企业履约的同时即取得并消耗企业履约所带来的经济利益

  B. 客户能够控制企业履约过程中在建的商品

  C. 企业履约过程中所产出的商品具有不可替代用途,且该企业在整个合同期间内有权就累计至今已完成的履约部分收取款项

  D. 企业向客户销售一批商品,商品已经交付,但客户尚未支付货款

9. 甲公司 2024 年 10 月 1 日向乙公司销售一批商品,售价为 100 万元,成本为 80 万元,适用的增值税税率为 13%。乙公司于 10 月 10 日收到商品并验收

做题记录

入库,10月15日付款。10月20日,乙公司发现商品质量不符合要求,要求退货。甲公司同意退货,并于10月25日收到退回的商品。甲公司应冲减10月份的销售收入为( )万元。

  A. 100   B. 80   C. 0   D. 113

10. 下列各项中,不应通过"其他应收款"科目核算的是( )。

  A. 应收的出租包装物租金 B. 为职工垫付的水电费
  C. 应收的销售商品款   D. 存出保证金

11. 某企业"坏账准备"科目的年初余额为4 000元,"应收账款"和"其他应收款"科目的年初余额分别为30 000元和10 000元。当年,不能收回的应收账款2 000元确认为坏账损失。"应收账款"和"其他应收款"科目的年末余额分别为50 000元和20 000元。假定该企业年末确定的坏账提取比例为10%。该企业年末应提取的坏账准备为( )元。

  A. 1 000   B. 3 000   C. 5 000   D. 7 000

12. 下列各项中,不应确认为收入的是( )。

  A. 固定资产出租收入   B. 无形资产出售收入
  C. 销售商品收入   D. 让渡资产使用权收入

13. 某企业销售商品一批,增值税专用发票上注明的价款为60万元,适用的增值税税率为13%,为购买方代垫运杂费2万元,款项尚未收回。该企业确认的应收账款为( )万元。

  A. 60.00   B. 62.00   C. 67.80   D. 69.80

14. 甲公司为增值税一般纳税人,销售商品适用的增值税税率为13%。2024年3月1日,甲公司向乙公司销售一批商品,按价目表上标明的价格计算,其不含增值税的售价总额为20 000元。因属批量销售,甲公司同意给予乙公司10%的商业折扣;同时,为鼓励乙公司及早付清货款,甲公司规定的现金折扣条件(按含增值税的售价计算)为"2/10,1/20,n/30"。假定甲公司3月8日收到该笔销售的价税款为(   )元。

    A. 19 980   B. 20 340   C. 20 700   D. 22 340

15. 企业应收账款明细账的贷方余额反映的是(   )。

    A. 应付账款   B. 预收账款

    C. 预付账款   D. 其他应收款

16. 甲公司委托乙公司销售商品一批,采用支付手续费方式。已知商品成本为10 000元,协议价为15 000元,增值税税额为1 950元。乙公司按销售价款的10%收取手续费。乙公司将商品售出后,甲公司收到乙公司的代销清单,开具的增值税专用发票注明价款为15 000元、增值税税额为1 950元。甲公司应确认的销售收入是(   )元。

    A. 15 000   B. 13 500   C. 10 000   D. 16 950

17. 在确认销售收入时,不影响应收账款入账金额的是(   )。

    A. 销售价款   B. 增值税销项税额

    C. 现金折扣   D. 销售产品代垫的运杂费

18. 某咨询服务公司本月与客户签订为期半年的咨询服务合同,并已预收全部咨询服务费,该合同于下月开始执行。该公司预收咨询服务费应记入的会计科目是(   )。

    A."合同取得成本"   B."合同负债"

    C."主营业务成本"   D."主营业务收入"

做题记录

19. 甲公司与乙公司签订销售合同,向乙公司销售 A、B、C 三种产品,合同总价款为 9 万元,A、B、C 产品的单独售价分别为 5 万元、4 万元、3 万元。A 产品应分摊的交易价格为( )万元。

    A. 3.00　　　　　B. 3.75　　　　　C. 2.25　　　　　D. 5.00

20. 2024 年 11 月,某企业与客户签订一项工期为 5 个月的建筑装修合同,合同总价款为 500 万元。截至 2024 年 12 月 31 日,该企业提供该项装修劳务实际发生成本 220 万元,预计还将发生成本 180 万元,并按照累计实际发生的成本占预计总成本的比例确定履约进度。该企业 2024 年提供该项劳务应确认的收入为( )万元。

    A. 275　　　　　B. 225　　　　　C. 500　　　　　D. 220

21. 甲公司与乙公司签订合同,向乙公司销售 A 产品和 B 产品。合同约定,A 产品于合同开始日交付,B 产品在一个月后交付,只有当 A、B 产品全部交付之后,甲公司才有权收取合同对价。由于组合销售,合同总价款为 100 万元。A 产品的单独售价为 50 万元,B 产品的单独售价为 100 万元。假定 A 产品和 B 产品分别构成单项履约义务,其控制权在交付时转移给乙公司。不考虑相关税费,甲公司在交付 A 产品时应确认( )万元。

    A. 合同资产 50.00　　　　　B. 应收账款 50.00
    C. 合同资产 33.33　　　　　D. 应收账款 33.33

22. 甲企业持有一张面值为 100 万元、不带息的商业汇票,出票日为 3 月 1 日,到期日为 6 月 1 日。甲企业于 4 月 1 日到银行贴现,银行贴现率为 6%。则甲企业贴现所得金额为( )万元。

    A. 99.00　　　　　B. 100.00　　　　　C. 98.50　　　　　D. 98.00

解题心得

23. 某软件公司通过竞标赢得一项服务期为3年的合同,为取得该合同,支付咨询费用8万元,支付销售人员佣金6万元,支付年终奖5万元。该公司预期这些支出未来均能收回。不考虑其他因素,该公司应确认的合同取得成本金额为( )万元。

   A. 11　　　　　B. 14　　　　　C. 6　　　　　D. 13

二、多项选择题

1. 下列各项中,关于收入的确认和计量的表述正确的有( )。
   A. 企业识别合同中的单项履约义务
   B. 企业履行各单项履约义务时确认收入
   C. 交易价格不包括企业预期将退还给客户的款项
   D. 企业确认客户合同收入应以合同存在为前提

2. 下列各项中,企业应列入资产负债表"应收账款"项目的有( )。
   A. 代购货方垫付的运杂费　　　B. 销售产品应收取的款项
   C. 对外提供劳务应收取的款项　D. 无法收回的应收账款

3. 下列关于可变对价的说法中,正确的有( )。
   A. 企业应当按照期望值或最可能发生金额确定可变对价的最佳估计数
   B. 包含可变对价的交易价格,应当不超过在相关不确定性消除时累计已确认收入极有可能不会发生重大转回的金额
   C. 企业在评估累计已确认收入是否极有可能不会发生重大转回时,应当同时考虑收入转回的可能性及其比重
   D. 每一资产负债表日,企业应当重新估计应计入交易价格的可变对价金额

做题记录

4. 下列各项中,会引起企业应收账款账面价值发生变化的有(　　)。
   A. 计提坏账准备　　　　　　B. 收回应收账款
   C. 转销坏账准备　　　　　　D. 收回已转销的坏账

5. 下列各项中,企业不应当确认收入的有(　　)。
   A. 符合收入确认条件的寄存在本单位的已售商品
   B. 签订的合同不具有商业实质
   C. 签订销售合同时得知对方公司资金困难,可能无法收回货款
   D. 签订合同后客户明确表示将不履行合同

6. 下列各项中,属于在某一时段内履行的履约义务应满足的条件有(　　)。
   A. 客户在企业履约的同时即取得并消耗企业履约所带来的经济利益
   B. 客户能够控制企业履约过程中在建的商品
   C. 企业履约过程中所产出的商品具有不可替代用途,且该企业在整个合同期间内有权就累计至今已完成的履约部分收取款项
   D. 企业与客户签订的是长期销售合同

7. 下列关于票据贴现的说法中,正确的有(　　)。
   A. 贴现是指持票人在商业汇票到期之前,为提前获得现金向银行贴付一定利息而发生的票据转让行为
   B. 贴现的票据主要是银行承兑汇票和商业承兑汇票
   C. 贴现利息的计算与票据贴现期和贴现率有关
   D. 贴现银行在贴现时需要对票据的信用风险进行评估

8. 下列各项中,属于应收账款核算内容的有(　　)。
   A. 应收职工欠款　　　　　　B. 销售商品的价款

解题心得

C. 提供劳务的价款　　　　　　D. 为职工代垫的房租

9. 企业在采用备抵法核算坏账损失时,估计坏账损失的方法有(　　)。

　　A. 账龄分析法　　　　　　　B. 个别认定法

　　C. 销货百分比法　　　　　　D. 应收账款余额百分比法

10. 下列各项中,属于"其他应收款"科目核算内容的有(　　)。

　　A. 租入包装物支付的押金　　B. 应收的各种赔款、罚款

　　C. 为职工代垫的水电费　　　D. 应收的出租包装物的租金

11. 下列各项中,属于在某一时点履行履约义务的情况有(　　)。

　　A. 企业与客户签订销售合同,合同约定企业在客户支付货款后的30天内发货,企业发货后履约义务完成

　　B. 企业向客户销售一台大型设备,需要安装调试,安装调试完成后,企业履约义务完成

　　C. 企业为客户定制一批具有特殊标识的商品,商品制作完成并交付给客户时,企业履约义务完成

　　D. 企业为客户提供为期1年的软件维护服务,在服务期满时履约义务完成

12. 下列关于现金折扣的会计处理中,正确的有(　　)。

　　A. 销售企业在确认销售收入时将现金折扣抵减收入

　　B. 销售企业在取得价款时将实际发生的现金折扣计入财务费用

　　C. 购买企业在购入商品时将现金折扣直接抵减应确认的应付账款

　　D. 购买企业在偿付应付账款时将实际发生的现金折扣冲减财务费用

13. 下列各项中,属于收入确认条件的有(　　)。

　　A. 企业已将商品所有权上的主要风险和报酬转移给购货方

做题记录

B. 企业既没有保留通常与所有权相联系的继续管理权,也没有对已售出的商品实施有效控制

C. 收入的金额能够可靠地计量

D. 相关的经济利益很可能流入企业

14. 下列关于销售退回的会计处理,正确的有(　　)。

　　A. 尚未确认销售收入的售出商品发生销售退回的,应将已记入"发出商品"科目的商品成本转回"库存商品"科目

　　B. 已确认销售收入的售出商品发生销售退回的,一般应在发生时冲减当期销售商品收入

　　C. 已确认销售收入的售出商品发生销售退回的,如已发生现金折扣,应同时调整相关财务费用的金额

　　D. 已确认销售收入的售出商品发生销售退回的,如按规定允许扣减增值税税额,应同时冲减已确认的增值税销项税额

15. 下列各项中,企业应通过"其他应收款"科目核算的有(　　)。

　　A. 销售商品应收取的货款　　B. 应收的出租包装物租金
　　C. 应向职工收取的代垫水电费　　D. 存出保证金

16. 下列各项中,属于企业收入的有(　　)。

　　A. 销售商品收入　　B. 提供劳务收入
　　C. 让渡资产使用权收入　　D. 出售固定资产净收益

17. 下列关于采用支付手续费方式委托代销商品的会计处理,正确的有(　　)。

　　A. 委托方在发出商品时,通常不应确认销售商品收入,而应在收到代销清单时确认收入

解题心得

B. 委托方在发出商品时,应按商品成本借记"发出商品"科目,贷记"库存商品"科目

C. 受托方应在代销商品销售后,按合同或协议约定的方法计算确定代销手续费,确认劳务收入

D. 受托方一般应按其与委托方约定的售价总额确认受托代销商品款

18. 下列关于收入计量的说法中,正确的有(　　)。

A. 企业应当按照分摊至各单项履约义务的交易价格计量收入

B. 交易价格是指企业因向客户转让商品而预期有权收取的对价金额

C. 企业代第三方收取的款项,应当作为负债进行会计处理,不应当计入交易价格

D. 合同标价不一定代表交易价格

三、判断题

1. 企业在销售商品时,如估计价款收回的可能性不大,即使收入确认的其他条件均已满足,也不应当确认收入。（　　）

2. 应收账款是指企业因销售商品、提供劳务等经营活动,应向购货单位或接受劳务单位收取的款项,主要包括企业销售商品或提供劳务等应向有关债务人收取的价款及代购货单位垫付的包装费、运杂费等。（　　）

3. 企业向客户转让商品的对价未达到"很可能收回"的条件时,在发出商品时企业不应确认收入,应按发出商品的成本计入营业外支出。（　　）

4. 企业在预收账款业务不多的情况下,可以不设置"预收账款"科目,而将预收的款项通过"预付账款"科目核算。（　　）

做题记录

5. "应收账款"科目期末余额一般在借方,反映企业尚未收回的应收账款;如果期末余额在贷方,则反映企业预收的账款。（　　）

6. 由企业承担的为取得合同发生的投标费,应确认为合同取得成本。（　　）

7. 企业租入包装物支付的押金应通过"其他应付款"科目核算。（　　）

8. 对于在某一时段内履行的履约义务,只要企业开始履行义务,就应当立即确认收入。（　　）

9. 企业发生销售退回时,对于已确认收入的退回商品,不管退回时间是否在资产负债表日后,一律冲减当期收入。（　　）

10. 采用预收款方式销售商品时,企业通常应在发出商品时确认收入,在此之前预收的货款应确认为合同负债。（　　）

11. 企业发生坏账损失时,应借记"坏账准备"科目,贷记"应收账款"科目。（　　）

12. 采用支付手续费方式委托代销商品时,委托方发出商品后就应当确认销售商品收入。（　　）

13. 企业只要将商品所有权上的主要风险和报酬转移给了购货方,就可以确认收入。（　　）

14. 销售商品相关的已发生或将发生的成本不能合理估计的,企业应在收到货款时确认收入。（　　）

15. 企业出售原材料取得的款项扣除其成本及相关税费后的净额,应当计入营业外收入或营业外支出。（　　）

16. 2024年12月5日,甲公司与乙公司签订了销售一批手机的合同,同时额外赠送为期1年的"碎屏险"服务,商品控制权当日转移给乙公司。该"碎屏险"应作为单项履约义务进行会计处理。（　　）

解题心得

17. 企业和客户签订的合同如果既有商品销售又有提供劳务服务时，如果商品销售和提供劳务服务具有高度关联，则两者应分别作为单项履约义务处理。（   ）

18. 附有商业折扣和现金折扣条件的销售商品业务，应按照扣除折扣后的金额确认销售收入和应收款项。（   ）

四、业务题

1. 甲公司从 2023 年开始采用备抵法核算坏账损失。2023 年年末应收账款余额为 100 万元，坏账准备的提取比例为 5%。2024 年，甲公司发生了以下与应收账款有关的业务：

   (1) 3 月 30 日，确认一笔应收账款 2 万元无法收回，作为坏账转销。

   (2) 6 月 30 日，收到之前已转销的坏账 1 万元，存入银行。

   (3) 12 月 31 日，应收账款余额为 120 万元。

   要求：

   (1) 计算 2023 年年末应计提的坏账准备金额，并编制会计分录。

   (2) 编制 2024 年 3 月转销坏账的会计分录。

   (3) 编制 2024 年 6 月收回已转销坏账的会计分录。

   (4) 计算 2024 年年末应计提的坏账准备金额，并编制会计分录。

做题记录

2. 甲企业为增值税一般纳税人,适用的增值税税率为13%,采用备抵法核算坏账。2024年12月1日,甲企业"应收账款"科目借方余额为500万元,"坏账准备"科目贷方余额为25万元,计提坏账准备的比例为"应收账款"科目期末余额的5%。

12月,甲企业发生下列经济业务:

(1) 12月5日,向乙企业赊销商品一批,按商品价目表标明的价格计算的金额为1 000万元(不含增值税)。由于是成批销售,甲企业给予乙企业10%的商业折扣。

(2) 12月9日,一客户破产,根据清算程序,有应收账款40万元不能收回,确认为坏账。

(3) 12月11日,收到乙企业的销货款500万元,存入银行。

(4) 12月21日,收到2018年已转销为坏账的应收账款10万元。存入银行。

(5) 12月31日,向丙企业销售商品一批,增值税专用发票上注明的售价为100万元,增值税税额为13万元。甲企业为了早日收回货款而在合同中规定的现金折扣条件为"2/10,1/20,n/30"。假定计算现金折扣不考虑增值税。

要求:
(1) 编制甲企业上述业务的会计分录。
(2) 计算甲企业本期应计提坏账准备金额并编制会计分录。

解题心得

3. W公司为增值税一般纳税人,其拥有一家酒店。该酒店主要经营餐饮住宿服务与健身俱乐部业务,适用的增值税税率为6%。2024年7月至8月,W公司发生如下经济业务:

(1) 7月1日,某客户与W公司签订合同,成为W公司健身俱乐部的会员。客户向W公司支付会员费7 200元(不含税)。合同约定:客户可在未来的12个月内在该俱乐部健身,且没有次数的限制。

(2) 7月31日,按时间(月)进度确认本月收入,开具增值税专用发票并收到税款。

(3) 8月1日,W公司的酒店业务与某一客户签订了一份为期3个月的合同。为取得与该客户的合同,发生销售佣金6 000元,款项签发现金支票支付。W公司预期该支出未来能够收回。

(4) 8月1日,合同约定:酒店为客户提供为期三个月的住房与餐饮服务,住宿费与餐饮费合计600 000元,增值税税额为36 000元,价税款合计636 000元。客户预付300 000元(不含税),余款及相应的增值税税款在月末收取。

(5) 8月31日,计提当月与住房和餐饮服务直接相关的酒店、客房以及客房内的设备家具等折旧60 000元,酒店土地使用权摊销费用45 000元。

(6) 8月31日,按时间(月)进度确认当月的房费、餐饮等服务含税收入212 000元,开具增值税专用发票并收到税款。

(7) 8月31日,摊销合同成本及佣金。

要求:编制W公司上述业务的会计分录。

做题记录

4. 顺天公司为增值税一般纳税人,适用的增值税税率为 13%,销售产品、提供劳务均属于主营业务,产品销售成本按经济业务逐笔结转。2024 年 12 月顺天公司发生如下部分经济业务:

(1) 12 月 6 日,将一批产品销售给 B 公司,该批产品的实际成本为 40 万元,市场价为 50 万元(不含增值税),已开具增值税专用发票,收到 B 公司开具的银行承兑汇票。

(2) 12 月 15 日,收到丙公司来函。来函提出,11 月 10 日丙公司所购 B 商品不符合合同规定的质量标准,要求顺天公司在价格上给予 10% 的销售折让。该商品售价为 600 万元,增值税税额为 78 万元,货款已结清。经顺天公司认定,同意给予折让并以银行存款退还折让款,同时开具了增值税专用发票(红字)。

(3) 12 月 19 日,向乙公司销售一批商品,开出的增值税专用发票上注明售价为 10 万元,增值税税额为 1.3 万元;该批商品成本为 8 万元。顺天公司在销售该批商品时已得知乙公司资金流转发生暂时困难,但为了减少存货积压,同时为了维持与乙公司长期以来建立的商业关系,顺天公司仍将商品发出。假定顺天公司销售该批商品的纳税义务已经发生。

(4) 11 月 15 日,委托 D 公司销售商品 1 000 件,商品已经发出,每件成本为 500 元,合同约定 D 公司按每件不含税售价 700 元对外销售,顺天公司按照售价的 10% 向 D 公司支付代销手续费;12 月 28 日,D 公司实际对外销售 500 件,顺天公司收到 D 公司开具的代销清单及手续费的增值税专用发票,向 D 公司开具了增值税专用发票,并按合同规定确认应向 D 公司支付的代销手续费,款项尚未结算,手续费适用的增值税税率为 6%。

解题心得

(5) 12月22日，与客户签订了一项工程服务合同，合同期为1年，属于某一时段内履行的履约义务，合同收入总额为50万元（不含增值税），在合同签订时预收服务款20万元，预计合同总成本为30万元。至2024年12月31日该公司实际发生总成本14万元，均为职工薪酬。但履约进度不能合理确定，该公司已发生的成本预计能够得到补偿，该业务适用的增值税税率为9%。

要求：根据上述资料编制顺天公司12月相关的会计分录。

5. 宏达公司为工业制造企业，为增值税一般纳税人，提供安装服务的增值税税率为9%，2023年及2024年宏达公司发生如下经济业务：

(1) 2023年12月1日，为了与淮河公司签订安装服务合同，对淮河公司信誉等情况指派专人进行调查，发生差旅费用2 000元，同时发生销售佣金8 000元，以上款项已用银行存款支付。

(2) 2023年12月3日，与淮河公司签订合同提供安装服务，合同约定总收入为1 000 000元，当日收到淮河公司预付款300 000元，余款在安装完工验收合格时支付。

(3) 2023年12月15日，为淮河公司提供安装服务时，发生人员工资费用75 000元、材料费用55 000元、折旧费用20 000元。

(4) 2023年12月31日，预估完成与淮河公司签订安装服务合同还将要发生成本450 000元。宏达公司按实际发生的成本占总成本的比例确认履约进度，同时简化处理一次性摊销合同取得成本。

(5) 2024年3月31日，完成与淮河公司签订的安装服务合同，淮河公司验收合格。2024年3月份宏达公司实际发生安装成本人员工资费用250 000元、材料费用100 000元、设备折旧费用100 000元。

(6) 2024年4月8日，收到B公司开来的银行本票支付剩余货款。

要求：根据上述资料编制宏达公司相关的会计分录。

解题心得

6. 北方股份有限公司（以下简称北方公司）为增值税一般纳税人，销售商品适用的增值税税率为13%，提供服务适用的增值税税率为6%。商品销售价格均不含增值税税额，销售实现时结转销售成本。北方公司销售商品和提供服务均为主营业务。2024年12月北方公司发生如下经济业务：

(1) 12月1日，对A公司销售商品一批，增值税专用发票上注明销售价格为400万元、增值税税额为52万元。提货单和增值税专用发票已交A公司，A公司已承诺付款。为及时收回货款，给予A公司的现金折扣条件为"2/10,1/20,n/30"（假定计算现金折扣时不考虑增值税因素）。该批商品的实际成本为300万元。12月18日，收到A公司支付的扣除所享受现金折扣金额后的款项，并存入银行。

(2) 12月2日，收到B公司来函，要求对当年11月8日所购商品在价格上给予5%的折让（北方公司在该批商品售出时，已确认销售收入1 000万元，并收到款项）。经查核，该批商品外观存在质量问题。北方公司同意了B公司提出的折让要求。当日，收到B公司交来的税务机关开具的索取折让证明单，并开具红字增值税专用发票和支付折让款项。

(3) 12月3日，向本公司行政管理人员发放自产产品作为福利。该批产品的实际成本为80万元，市场售价为100万元。

(4) 12月5日，向N公司转让一项软件的使用权，一次性收取3年的使用费20万元，且不再提供后续服务。适用的增值税税率为6%，款项存入银行。

(5) 12月6日，出售专利权。该专利原价为200万元，已摊销100万元，取得转让收入90万元，适用的增值税税率为6%，款项均已通过银行存款收取。

做题记录

(6) 12月21日,与F公司签订协议,委托其代销商品一批。根据代销协议,F公司按代销商品实际售价的10%收取手续费,手续费不考虑增值税。该批商品的协议价为200万元(不含增值税税额),实际成本为150万元。商品已运往F公司。12月31日,北方公司收到F公司开来的代销清单,列明已售出该商品的80%,款项尚未收到。

(7) 12月31日,确认本月设备安装劳务收入。该设备安装劳务合同总收入为100万元,预计合同总成本为70万元,合同价款在前期签订合同时已收取。采用按履约进度确认劳务收入。截至12月月末,该劳务的履约进度为60%,前期已累计确认劳务收入50万元、劳务成本35万元。假定该项设备安装劳务构成单项履约义务,且属于在某一时段内履行的履约义务,劳务收入不考虑增值税。

(8) 12月31日,G公司向北方公司订购一批商品。按合同规定,商品总价款为100万元(不含增值税额),自合同签订日起3个月内交货。合同签订日,收到G公司预付价款80万元,并存入银行。商品制造工作尚未开始。

要求:根据上述资料编制北方公司12月的会计分录。

解题心得

7. 甲公司为增值税一般纳税人,其主营业务为生产并销售 M 产品。M 产品的售价中不包含增值税,确认销售收入的同时结转销售成本。甲公司适用的增值税税率为 13%,2024 年第三季度甲公司发生的经济业务如下:

(1) 7 月 10 日,向乙公司销售 M 产品 200 件并开具增值税专用发票,每件产品的售价为 110 元,实际成本为 70 元。M 产品已发出并符合收入确认条件。此外,现金折扣条件为"2/10,n/20",10 天内收回的概率为 95%,计算现金折扣时不考虑增值税。

(2) 7 月 16 日,委托丙公司销售 M 产品 400 件,每件成本为 70 元,合同约定丙公司按每件 110 元的价格对外销售。甲公司按照售价的 10% 支付手续费。

(3) 7 月 19 日,乙公司付清了款项。

(4) 7 月 31 日,收到丙公司开具的代销清单和已经税务机关认证的增值税专用发票。丙公司实际对外销售 M 产品 200 件,应收代销手续费 2 200 元、增值税 132 元,全部款项尚未结算。

(5) 8 月 29 日,向丁公司销售 M 产品 1 000 件并开具了增值税专用发票,每件产品的售价为 110 元,实际成本为 70 元。由于是成批销售,甲公司给予丁公司 10% 的商业折扣,M 产品于当日发出,符合销售收入确认条件,收到丁公司用于结算全部货款的银行承兑汇票。

(6) 9 月 3 日,因上月售出商品存在质量瑕疵,丁公司要求按实际售价总额给予 10% 销售折让,甲公司同意其折让要求并开出增值税专用发票(红字)。全部折让款已用银行存款支付。

(7) 9 月 5 日,向戊公司销售用于生产 M 产品的 A 材料 100 件,每件材料售价为80元,实际成本为50元。为包装A材料使用了包装物一批,价款为500元,包装物随材料出售不单独计价。戊公司以银行汇票结算了全部款项。

要求：根据上述资料编制甲公司2024年第三季度相关的会计分录。

解题心得

项目笔记

项目笔记

项目笔记

项目四 核算固定资产和无形资产业务

一、单项选择题

1. 甲企业建造厂房领用原材料一批,成本为 4 000 万元,原购入时确认的增值税进项税额为 520 万元。不考虑其他要素,下列关于甲企业领用原材料构建固定资产的会计处理中正确的是(　　)。

    A. 借:在建工程　　　　　　　　　　　　　　　　　4 520
    　　　贷:原材料　　　　　　　　　　　　　　　　　　　4 000
    　　　　　应交税费——应交增值税(进项税额转出)　　　520
    B. 借:管理费用　　　　　　　　　　　　　　　　　4 000
    　　　贷:原材料　　　　　　　　　　　　　　　　　　　4 000
    C. 借:管理费用　　　　　　　　　　　　　　　　　4 520
    　　　贷:原材料　　　　　　　　　　　　　　　　　　　4 000
    　　　　　应交税费——应交增值税(进项税额转出)　　　520
    D. 借:在建工程　　　　　　　　　　　　　　　　　4 000
    　　　贷:原材料　　　　　　　　　　　　　　　　　　　4 000

2. 甲企业为增值税一般纳税人,2024 年 6 月自建一幢仓库,购入工程物资

解题心得

300万元,增值税专用发票上注明的增值税税额为39万元,已全部用于建造仓库;领用生产用材料一批,账面价值为50万元(未计提跌价准备),公允价值为60万元;发生建筑工人工资36万元。不考虑其他因素,2024年9月该仓库建造完成并达到预定可使用状态,其入账价值为(　　)万元。

  A. 350.00   B. 396.00   C. 386.00   D. 393.80

3. 下列关于盘盈盘亏的表述中,正确的是(　　)。

  A. 固定资产盘盈记入"营业外收入"科目

  B. 存货盘盈记入"营业外收入"科目

  C. 无法查明原因的现金溢余记入"营业外收入"科目

  D. 固定资产出租收入记入"营业外收入"科目

4. 一般纳税人购入不需要安装的生产经营用固定资产支付的增值税进项税额应记入的科目是(　　)。

  A. "固定资产"   B. "营业外支出"

  C. "在建工程"   D. "应交税费"

5. 下列各项中,按规定不需要计提折旧的是(　　)。

  A. 已交付但尚未使用的设备   B. 提前报废的固定资产

  C. 未使用的厂房   D. 长期租入的昂贵设备

6. 某公司有货车1辆,采用工作量法计提折旧。该货车原值为200 000元,预计使用10年,每年行驶里程60 000千米,净残值率为5%,当月行驶里程4 000千米,该运输车的当月折旧额为(　　)元。

  A. 1 266.67   B. 12 666.67

  C. 1 333.33   D. 3 000.00

做题记录

7. 2023年11月1日,甲公司购入一项固定资产,该固定资产原价为2 000万元,预计使用年限为5年,预计净残值为20万元,采用双倍余额递减法计提折旧。不考虑其他因素,2024年该设备应计提的折旧额为(　　)万元。
   A. 800.00　　　　B. 480.00　　　　C. 733.33　　　　D. 773.33

8. 2023年12月31日,甲公司购入一台不需要安装的生产设备,当日投入使用。该设备价款为500万元,增值税税额为65万元,预计使用寿命为5年,预计净残值为20万元,采用年数总和法计提折旧。不考虑其他因素,2024年12月31日该设备的账面价值为(　　)万元。
   A. 192　　　　B. 288　　　　C. 340　　　　D. 200

9. 企业财务部门使用的固定资产计提的折旧额应记入的会计科目是(　　)。
   A. "制造费用"　　　　B. "销售费用"
   C. "管理费用"　　　　D. "财务费用"

10. 下列关于企业计提固定资产折旧会计处理的表述中,不正确的是(　　)。
    A. 对管理部门使用的固定资产计提的折旧额应计入管理费用
    B. 对财务部门使用的固定资产计提的折旧额应计入财务费用
    C. 对生产车间使用的固定资产计提的折旧额应计入制造费用
    D. 对专设销售机构使用的固定资产计提的折旧额应计入销售费用

11. 以租赁方式租入的使用权资产发生的改良支出,应记入的会计科目是(　　)。
    A. "固定资产"　　　　B. "在建工程"
    C. "长期待摊费用"　　　　D. "无形资产"

12. 某企业对一条生产线进行改扩建,该生产线原价为1 000万元,已计提折旧300万元,扩建生产线发生相关支出800万元,满足固定资产确认条件。不考虑其他因素,改建后生产线的入账价值为( )万元。

  A. 800   B. 1 500   C. 1 800   D. 1 000

13. 下列关于固定资产的表述中,正确的是( )。

  A. 经营出租的生产设备计提的折旧计入其他业务成本

  B. 当月新增固定资产,当月开始计提折旧

  C. 行政管理设备的日常修理费计入在建工程

  D. 设备因自然灾害造成毁损的清理费计入管理费用

14. 甲企业在财产清查中盘盈一台设备,则根据该设备的重置成本应贷记的会计科目是( )。

  A. "营业外收入"   B. "以前年度损益调整"

  C. "待处理财产损溢"   D. "固定资产清理"

15. 在核算盘亏的固定资产时,应借记的会计科目是( )。

  A. "在建工程"   B. "固定资产清理"

  C. "待处理财产损溢"   D. "管理费用"

16. 某公司为增值税一般纳税人,2024 年对一条生产线进行改建,原价为 100 万元,已提折旧为 40 万元。改建过程中购买新部件发生支出 27 万元(符合固定资产确认条件),增值税专用发票上注明的增值税税额为 3.51 万元;发生安装费 3 万元、增值税税额为 0.27 万元;被替换部分的账面原值为 25 万元,计提折旧比例与总体相同。不考虑其他因素,该生产线改建后的成本为( )万元。

  A. 65   B. 70   C. 75   D. 130

17. 某企业出售一台设备,原价为 160 000 元,已提折旧 35 000 元,已提固定资产减值准备 10 000 元,支付不含税的清理费用 3 000 元;出售设备所得价款为

> **做题记录**

113 000 元,增值税税额为 14 690 元。不考虑其他因素,该设备出售净收益为( )元。

  A. -2 000   B. 2 000   C. 5 000   D. -5 000

18. 某汽车制造企业有下列几项资产,应作为固定资产核算的是( )。

  A. 正在建的生产线   B. 生产完成的汽车

  C. 自用的自产汽车   D. 生产完成准备出售的汽车

19. 下列各项中,制造业企业应作为固定资产核算的是( )。

  A. 为建造厂房库存的工程物资   B. 正在建设中的生产线

  C. 行政管理部门使用的汽车   D. 生产完工准备出售的产品

20. 企业计提专设销售机构的固定资产折旧应借记的会计科目是( )。

  A. "销售费用"   B. "管理费用"

  C. "其他业务成本"   D. "制造费用"

21. 下列各项中,不会导致固定资产账面价值发生增减变动的是( )。

  A. 盘盈固定资产   B. 临时租入期限为 3 个月的设备

  C. 以固定资产对外投资   D. 对固定资产计提累计折旧

22. 下列各项中,企业通过"待处理财产损溢"科目核算的业务是( )。

  A. 固定资产报废   B. 固定资产减值

  C. 固定资产盘盈   D. 固定资产盘亏

23. 下列各项中,关于企业固定资产折旧方法的表述正确的是( )。

  A. 年数总和法计算的固定资产年折旧额逐年递增

  B. 工作量法不需要考虑固定资产的预计净残值

  C. 年限平均法需要考虑固定资产的预计净残值

解题心得

D. 双倍余额递减法计算的固定资产年折旧额每年相等

24. 企业结转报废固定资产净损失时,应借记的会计科目是(　　)。
    A. "资产处置损益"　　　　　　　　B. "固定资产清理"
    C. "营业外支出"　　　　　　　　　D. "管理费用"

25. 某公司出售专用设备一台,取得的增值税专用发票上注明的价款为30万元,增值税税额为3.90万元,支付不含税清理费5万元,该设备出售时的账面价值为22万元。不考虑其他因素,下列关于此项交易产生净损益的会计处理结果表述正确的是(　　)。
    A. 资产处置损益增加8万元　　　　B. 资产处置损益增加3万元
    C. 营业外收入增加25万元　　　　　D. 营业外收入增加27万元

26. 下列各项中,企业不能够确认为无形资产的是(　　)。
    A. 通过购买方式取得的土地使用权
    B. 商誉
    C. 通过吸收投资方式取得的土地使用权
    D. 通过购买方式取得的非专利技术

27. 下列关于无形资产的表述中,不正确的是(　　)。
    A. 无形资产不具有实物形态　　　　B. 无形资产具有可辨认性
    C. 商誉属于无形资产　　　　　　　D. 无形资产属于非货币性资产

28. 下列各项中,应作为企业无形资产核算的是(　　)。
    A. 为客户开发的软件应用程序
    B. 为取得产品销售合同发生的增量成本
    C. 聘用的高级技术人才

做题记录

D. 为生产产品购入的专利权

29. 甲公司购入一项专利技术,购买价款为1 000万元,相关税费为20万元,使无形资产达到预定用途所发生的专业服务费用为70万元,测试无形资产是否能够正常发挥作用的费用为10万元。不考虑其他因素,该专利技术的入账价值应为(　　)万元。

A. 102　　　　　B. 1 090　　　　　C. 1 080　　　　　D. 1 100

30. 2024年1月1日,甲公司将其自行开发完成的管理系统软件出租给乙公司,每月月末收取不含税租金24 000元,双方约定租赁期限为4年。该管理系统软件的总成本为600 000元,预计使用年限为10年,按月计提摊销。不考虑其他因素,甲公司因管理系统软件每月应计入其他业务成本的金额为(　　)元。

A. 24 000　　　B. 5 000　　　　C. 60 000　　　　D. 6 000

31. 某公司为增值税一般纳税人,购入一项专利权,取得的增值税专用发票上注明的价款为360 000元,适用的增值税税率为6%,增值税税额为21 600元,另用银行存款支付其他相关税费5 000元。不考虑其他因素,该项无形资产的入账价值为(　　)元。

A. 365 000　　B. 360 000　　　C. 381 600　　　D. 386 600

32. 某企业为增值税一般纳税人,购入一项专利,取得并经税务机关认证的增值税专用发票上注明的价款为100万元、增值税税额为6万元。为销售该专利生产的产品,企业发生广告费20万元。不考虑其他因素,该专利的入账价值为(　　)万元。

A. 106　　　　　B. 126　　　　　C. 100　　　　　D. 120

33. 企业自行研发并按法定程序申请取得无形资产之前,开发过程中发生的符合

解题心得

资本化的支出,最终应( )。

A. 计入无形资产成本　　　　　　B. 从管理费用中转入无形资产

C. 计入当期损益　　　　　　　　D. 计入长期待摊费用

34. 企业自行研发无形资产发生的无法可靠区分的研究和开发阶段的支出,期末应转入的会计科目是( )。

A."制造费用"　　　　　　　　B."管理费用"

C."无形资产"　　　　　　　　D."其他业务成本"

35. 企业专设销售机构的无形资产摊销额应借记的会计科目是( )。

A."其他业务成本"　　　　　　B."销售费用"

C."主营业务成本"　　　　　　D."管理费用"

36. 2024 年 1 月 1 日,A 公司接受甲公司以一项账面价值为 210 万元的专利权投资,投资合同约定价值为 165 万元(该价值公允)。A 公司预计该专利权的尚可使用年限为 10 年,采用直线法进行摊销。不考虑其他因素,2024 年度 A 公司对该项无形资产的摊销额为( )万元。

A. 25.0　　　　B. 33.0　　　　C. 13.0　　　　D. 16.5

37. 某企业自行研发某项技术,研究阶段共发生支出 100 万元,其中发生研究费用 60 万元、分配职工薪酬 40 万元。进入开发阶段后,在开发阶段共发生支出 150 万元,其中 90 万元符合资本化条件。该技术研发完成并达到预定可使用状态。不考虑其他因素,该技术的入账价值为( )万元。

A. 150　　　　B. 250　　　　C. 90　　　　D. 190

38. 某企业为增值税一般纳税人,购入一项专利,取得并经税务机关认证的增值税专用发票上注明的价款为 120.00 万元,增值税税额为 7.20 万元。为宣传

做题记录

该专利权生产的产品,另外发生宣传费支出 20.00 万元。不考虑其他因素,该专利的入账价值为( )万元。

A. 127.20　　　　B. 147.20　　　　C. 120.00　　　　D. 140.00

39. 下列关于企业无形资产摊销的表述中,不正确的是( )。

A. 行政管理用无形资产的摊销额计入管理费用

B. 使用寿命不确定的无形资产不进行摊销

C. 无形资产摊销方法应反映其经济利益的预期消耗方式

D. 使用寿命有限的无形资产处置当月应进行摊销

40. 企业转让无形资产所有权发生的净损益应记入的会计科目是( )。

A. "财务费用"　　　　　　　　B. "管理费用"

C. "其他业务成本"　　　　　　D. "资产处置损益"

二、多项选择题

1. 下列各项中,属于固定资产特征的有( )。

A. 为生产商品、提供劳务而持有　　B. 使用寿命超过 1 个会计年度

C. 单位价值比较大　　　　　　　　D. 给企业带来的收益期超过 1 年

2. 下列各项中,企业应计入企业固定资产价值的税费有( )。

A. 房产税　　　　　　　　　　　　B. 耕地占用税

C. 车辆购置税　　　　　　　　　　D. 契税

3. 下列各项中,企业应计入固定资产入账价值的有( )。

A. 固定资产购入时支付的运费

B. 固定资产安装过程中发生的各种材料、工资等费用

解题心得

C. 固定资产日常修理期间发生的修理费

D. 固定资产改良过程中发生的材料费

4. 下列各项中,关于企业固定资产会计处理的表述正确的有(　　)。

　　A. 固定资产盘亏产生的损失计入管理费用

　　B. 计提减值准备后的固定资产以扣除减值准备后的账面价值为基础计提折旧

　　C. 增值税一般纳税人购入的生产设备支付的增值税不计入固定资产成本

　　D. 对于固定资产均应按照确定的方法计提折旧

5. 下列关于固定资产计提折旧的表述中,正确的有(　　)。

　　A. 固定资产折旧方法的改变属于会计估计变更

　　B. 当月减少的固定资产,当月起停止计提折旧

　　C. 已提足折旧但仍继续使用的固定资产不再计提折旧

　　D. 自行建造的固定资产应自办理竣工决算时开始计提折旧

6. 下列关于计提固定资产折旧的说法中,不正确的有(　　)。

　　A. 企业当月减少的固定资产当月照提折旧

　　B. 企业当月增加的固定资产当月开始计提折旧

　　C. 固定资产提足折旧后仍继续使用的仍须计提折旧

　　D. 提前报废但未提足折旧的固定资产不再补提折旧

7. 下列关于企业固定资产折旧方法的表述中,正确的有(　　)。

　　A. 采用年限平均法计算的年折旧额相等

　　B. 采用年数总和法计算的年折旧率相等

　　C. 采用年数总和法计算的年折旧额逐年递减

　　D. 采用双倍余额递减法计算的年折旧额相等

做题记录

8. 下列各项中,属于加速折旧的方法有(　　)。
   A. 双倍余额递减法　　　　　　B. 工作量法
   C. 平均年限法　　　　　　　　D. 年数总和法

9. 企业结转固定资产清理净损益时,可能涉及的会计科目有(　　)。
   A. "资产处置损益"　　　　　　B. "营业外收入"
   C. "营业外支出"　　　　　　　D. "长期待摊费用"

10. 下列有关资产的盘盈、盘亏会计处理结果表述中,不正确的有(　　)。
    A. 现金盘亏在扣除责任人赔款后的净损失应记入"营业外支出"科目
    B. 存货盘亏的净损失影响企业当期营业利润
    C. 固定资产盘亏属于重大前期差错,应进行追溯调整
    D. 固定资产的盘盈净收益应记入发现当期的"营业外收入"科目

11. 下列各项中,属于企业无形资产的有(　　)。
    A. 专利权　　　　　　　　　　B. 商标权
    C. 著作权　　　　　　　　　　D. 商誉

12. 下列各项中,属于无形资产的特征的有(　　)。
    A. 不具有实物形态　　　　　　B. 具有可辨认性
    C. 不具有可辨认性　　　　　　D. 属于非货币性资产

13. 下列各项中,属于无形资产核算内容的有(　　)。
    A. 企业内部自创商誉
    B. 接受投资者投入的土地使用权
    C. 自行开发并按法律程序申请的专利
    D. 企业自创但尚未注册登记的商标

解题心得

14. 企业进行无形资产摊销时,下列会计处理结果表述正确的有(　　)。

    A. 管理用无形资产摊销:借记"管理费用"科目,贷记"累计摊销"科目

    B. 生产车间无形资产摊销:借记"制造费用"科目,贷记"累计摊销"科目

    C. 企业筹建期间无形资产摊销(费用化的):借记"管理费用"科目,贷记"累计摊销"科目

    D. 自建工程使用的无形资产摊销:借记"在建工程"科目,贷记"累计摊销"科目

15. 下列关于企业自行研发无形资产业务的会计处理中,表述正确的有(　　)。

    A. 满足资本化条件的研发支出达到预定用途,应转入"无形资产"科目的借方

    B. 不满足资本化条件的研发支出,期末应转入"管理费用"科目的借方

    C. 满足资本化条件的研发支出,应记入"研发支出——费用化支出"科目的借方

    D. 不满足资本化条件的研发支出,应记入"研发支出——资本化支出"科目的借方

16. 下列各项中,应计入企业自行研究开发专利权入账价值的有(　　)。

    A. 专利权申请过程中发生的专利登记费

    B. 专利权申请过程中发生的律师费

    C. 满足资本化条件的专利研发支出

    D. 无法可靠区分研究阶段和开发阶段的专利研发支出

17. 下列关于自行研发无形资产的会计处理表述中,正确的有(　　)。

    A. 满足资本化条件的支出记入"研发支出——费用化支出"科目

    B. 不满足资本化条件的支出记入"研发支出——资本化支出"科目

做题记录

C. 满足资本化条件的支出记入"研发支出——资本化支出"科目

D. 不满足资本化条件的支出记入"研发支出——费用化支出"科目

18. 下列资产减值损失一经确认，在以后的会计期间不得转回的有（　　）。

   A. 固定资产　　　　　　　　B. 应收账款

   C. 无形资产　　　　　　　　D. 其他应收款

19. 企业对使用寿命有限的无形资产进行摊销时，其摊销额应根据不同情况分别计入（　　）。

   A. 管理费用　　　　　　　　B. 制造费用

   C. 主营业务成本　　　　　　D. 其他业务成本

20. 下列关于制造业企业计提无形资产摊销的会计处理表述中，正确的有（　　）。

   A. 使用寿命有限的无形资产处置当月不再摊销

   B. 财务软件的摊销额计入管理费用

   C. 管理用特许权的摊销额计入管理费用

   D. 对外出租专利技术的摊销额计入其他业务成本

三、判断题

1. 企业固定资产的使用寿命一般超过一个会计年度。（　　）

2. 固定资产的入账价值中应当包括企业为取得固定资产而缴纳的契税、耕地占用税、车辆购置税。（　　）

3. "累计折旧"科目属于"固定资产"的备抵科目，但因其贷方登记增加，借方登记减少，所以不属于资产类科目。（　　）

4. 企业无论是采用年数总和法还是双倍余额递减法计提折旧，折旧总额是相

同的。( )

5. 固定资产的折旧方法一经确定,不得变更。( )

6. 固定资产日常修理支出不增加固定资产价值,固定资产更新改造支出,都应当增加固定资产价值。( )

7. 企业对固定资产进行更新改造时,应当将该固定资产账面价值转入在建工程,并将被替换部件的变价收入冲减在建工程。( )

8. 固定资产盘盈先通过"待处理财产损溢"科目,批准后再转入"营业外收入"科目中。( )

9. 企业的固定资产、在建工程、工程物资发生减值的,均应通过"固定资产减值准备"科目进行核算。( )

10. 固定资产盘盈,会影响企业留存收益。( )

11. 企业自创商誉不具有实物形态,且属于非货币性资产,因此商誉应作为无形资产核算。( )

12. 自行开发并形成使用寿命有限的无形资产,应当自达到预定用途的当月开始摊销。( )

13. 对于企业取得的所有无形资产,均应当按期摊销。( )

14. 无形资产的开发中,研究阶段支出应予以费用化,开发阶段的支出应予以资本化。( )

15. 企业自行研究开发无形资产过程中无法可靠区分研究阶段和开发阶段的支出,应将相关支付全部计入无形资产成本。( )

16. 房地产企业以外的企业单独取得的土地使用权,应将取得时发生的支出资本化作为无形资产成本。( )

做题记录

17. 无形资产是指企业拥有或者控制的没有实物形态的可辨认非货币性资产。
（　　）
18. 企业外购无形资产发生的相关税费不应计入其成本当中。（　　）
19. 企业以租赁方式租入的使用权资产发生的改良支出，应记入"管理费用"科目。
（　　）
20. 出售无形资产的利得计入当期损益。（　　）

四、业务题

1. 某公司为增值税一般纳税人，2024年6月购入一台不需要安装的生产设备，取得的增值税专用发票上注明的价款为1 000万元、增值税税额为130万元，另支付包装费并取得增值税专用发票，注明包装费为10万元、增值税税额为0.6万元，款项以银行存款支付。假定不考虑其他因素。

要求：编制该公司的相关会计分录。

解题心得

2. 甲公司为增值税一般纳税人。2024 年 8 月 1 日,甲公司购入一台需要安装的生产用设备,取得的增值税专用发票上注明的设备买价为 40 000 元,增值税税额为 5 200 元;支付的运输费为 1 200 元、增值税税额为 108 元,已取得增值税专用发票。设备安装时领用原材料价值 1 000 元(不含税),购进该批原材料的增值税进项税额为 130 元,设备安装时支付有关人员工资薪酬 2 000 元。
要求:计算该设备的入账价值,并编制相关会计分录。

3. 某企业已有固定资产价值 960 万元,已计提折旧 320 万元,其中上月已提足折旧额仍继续使用的设备为 60 万元;另有一台设备 20 万元,上月已经达到预定可使用状态尚未投入使用。采用年限平均法计提折旧,所有设备的月折旧率均为 1‰。不考虑其他因素。
要求:计算该企业当月应计提的折旧额。

做题记录

4. 甲公司为增值税一般纳税人,2024年5月1日购入不需要安装的生产设备一台,当日投入使用。该设备价款为360万元,增值税税额为46.8万元,预计使用寿命为5年,预计净残值为0,采用双倍余额递减法计提折旧。不考虑其他因素。

   要求:计算2024年该设备应计提的折旧额。

5. 2022年12月31日,某企业购入一台生产设备并直接投入使用。该设备的入账价值为121万元,预计净残值为1万元,预计使用寿命为4年,采用年数总和法计提折旧。不考虑其他因素。

   要求:计算2024年该设备应计提的折旧金额。

解题心得

6. 2024年11月，某企业的一辆运货卡车，其原价为600 000元，预计总行驶里程为500 000千米，预计报废时的净残值率为5%。2024年12月该卡车行驶4 000千米，采用工作量法计提折旧。

要求：计算2024年12月该卡车应计提的折旧额。

7. 2024年6月30日，某公司对其办公设备进行升级改造。改造前该办公设备的账面价值为180 000元，已计提折旧30 000元；改造过程中，用银行存款支付改造费45 000元，增值税4 050元。6月30日当日改造完成并重新投入使用。

要求：编制该公司改造办公设备的会计分录。

8. 某公司出售专用设备一台,取得的增值税专用发票上注明的价款为 30 万元,增值税税额为 3.9 万元,支付不含税清理费 5 万元,该设备出售时的账面价值为 22 万元。不考虑其他因素。

    要求:编制该公司相关会计分录。

9. 2024 年 7 月 15 日,某公司进行财产清查时,发现盘亏一台设备,原价为 100 000 元,已提折旧 60 000 元,购入时增值税税额为 13 000 元。查明原因是自然灾害造成的损失。

    要求:编制该公司相关会计分录。

解题心得

10. 甲公司于 2023 年 12 月 20 日购入一台设备,实际成本为 50 万元,预计使用年限为 5 年,预计净残值为 0,采用直线法计提折旧。2024 年年末对该设备进行检查,估计其可收回金额为 36 万元。不考虑其他因素。

    要求:编制 2024 年年末甲公司应确认资产减值损失的相关会计分录。

11. 某企业为增值税一般纳税人,购入一项专利权支付价款 350 万元、增值税税额 21 万元,支付使专利权达到预定用途的专业服务费 10 万元、增值税税额 0.6 万元,已取得相关增值税专用发票。不考虑其他因素。

    要求:编制该企业相关会计分录。

12. 某企业自行研发一项非专利技术,累计支出680万元,其中:280万元属于开发阶段符合资本化条件的支出,240万元属于研究阶段的支出,160万元属于无法可靠区分研究阶段和开发阶段的支出。该技术已研发完成并形成一项非专利技术。不考虑其他因素。

    要求:编制该企业相关会计分录。

13. 某企业为增值税一般纳税人,购入一项管理用特许权确认为无形资产,取得增值税专用发票上注明的价款为4 800 000元,增值税税额为288 000元。该特许权受益年限为10年,企业采用年限平均法摊销无形资产。不考虑其他因素。

    要求:编制该企业购入该项无形资产时及购入当月摊销特许权的会计分录。

解题心得

14. 2023年1月1日,某企业购入一项土地使用权,取得增值税专用发票上注明的价款为80 000元、增值税税额为4 800元,摊销年限为8年,采用直线法进行摊销,全部款项已用银行存款支付。2025年1月1日,企业将该使用权对外出售,开具的增值税专用发票上注明的价款为68 000元、增值税税额为4 080元,全部款项已存入银行。不考虑其他因素。

    要求:编制该企业购入和出售土地使用权的分录。

项目笔记

项目笔记

项目五 核算职工薪酬业务

一、单项选择题

1. 下列各项中,不属于企业职工薪酬组成内容的是(　　)。

    A. 根据设定提存计划计提应向单独主体缴存的提存金

    B. 为鼓励职工自愿接受裁减而给予职工的补偿

    C. 按国家规定标准提取的职工福利费

    D. 为职工代扣代缴的个人所得税

2. 下列各项中,不属于企业职工薪酬的是(　　)。

    A. 职工出差报销的火车票

    B. 职工福利费

    C. 社会保险费

    D. 职工工资

3. 下列各项中,属于企业短期薪酬的是(　　)。

    A. 按规定计提的失业保险费

    B. 因解除劳动关系而应给予职工的现金补偿

    C. 按规定计提的养老保险费

解题心得

D. 应向企业职工发放的防暑降温补贴

4. 下列各项中,属于职工福利费的是(   )。

   A. 支付给职工的生活困难补助

   B. 鼓励职工主动离职给与的经济补偿

   C. 员工出差伙食补助费

   D. 支付给职工的季度奖

5. 下列各项中,企业应记入"应付职工薪酬"科目贷方的是(   )。

   A. 支付职工的培训费

   B. 发放职工工资

   C. 确认因解除与职工劳动关系应给予的补偿

   D. 缴存职工养老保险费

6. 从职工工资中扣还代垫的职工医药费,应借记的会计科目是(   )。

   A."应付职工薪酬"   B."银行存款"

   C."其他应收款"   D."其他应付款"

7. 企业从应付职工薪酬中代扣的个人所得税,贷记的会计科目是(   )。

   A."其他应收款"   B."应交税费"

   C."银行存款"   D."其他应付款"

8. 乙企业与其销售总监达成协议:3年后利润达到6亿元,其薪酬为利润的0.6%,则乙企业向其销售总监提供薪酬的类别是(   )。

   A. 职工福利   B. 利润分享计划

   C. 辞退福利   D. 工资奖金

9. 某企业将自产的一批产品作为非货币性福利发放给车间的生产工人,该批产

做题记录

品不含税售价为 50 000 元,适用的增值税税率为 13%,成本为 35 000 元。该企业发放该项非货币性福利应计入生产成本的金额为( )元。

A. 43 500　　　B. 56 500　　　C. 35 000　　　D. 50 000

10. 某企业为增值税一般纳税人,适用的增值税税率为 13%。2023 年 12 月,该企业以其生产的每台成本为 150 元的加湿器作为福利发放给职工,每名职工发放 1 台,该型号的加湿器每台市场售价为 200 元(不含税)。该企业共有职工 200 名,其中生产工人 180 名,总部管理人员 20 名。不考虑其他因素,该企业确认非货币性职工薪酬会计处理结果正确的是( )。

A. 确认管理费用 4 000 元

B. 确认管理费用 3 000 元

C. 计入生产成本 27 000 元

D. 确认应付职工薪酬 45 200 元

二、多项选择题

1. 下列各项中,属于"应付职工薪酬"科目核算内容的有( )。

   A. 正式任命并聘请的独立董事津贴

   B. 已订立劳动合同的全职职工的奖金

   C. 已订立劳动合同的临时职工的工资

   D. 向住房公积金管理机构缴存的住房公积金

2. 下列各项中,属于短期薪酬的有( )。

   A. 辞退福利　　　　　　　B. 短期带薪缺勤

   C. 工会经费　　　　　　　D. 失业保险

解题心得

3. 下列各项中,属于"应付职工薪酬"科目核算内容的有(　　)。
　　A. 企业医务人员的工资　　　B. 报销员工出差的差旅费
　　C. 给员工支付的培训支出　　D. 离职后福利

4. 下列各项中,应确认为企业应付职工薪酬的有(　　)。
　　A. 非货币性福利　　　　　　B. 社会保险费和辞退福利
　　C. 职工工资、福利费　　　　D. 工会经费和职工教育经费

5. 下列关于企业非货币性职工薪酬的会计处理的表述中,正确的有(　　)。
　　A. 难以认定受益对象的非货币性福利,应当直接计入当期损益
　　B. 企业租赁房屋无偿给供生产工人居住,应当将每期应付的租金计入生产成本
　　C. 企业将自有房屋无偿提供给生产工人居住,应当按照该住房的公允价值计入生产成本
　　D. 企业以自产产品作为非货币性福利发放给销售人员,应当按照产品的实际成本计入销售费用

6. 下列关于职工薪酬的确认和计量说法中,正确的有(　　)。
　　A. 由施工人员负担的职工薪酬计入"在建工程"科目
　　B. 由研发无形资产人员负担的职工薪酬记入"研发支出"科目
　　C. 由仓储部门人员负担的职工薪酬记入"销售费用"科目
　　D. 由财务人员负担的职工薪酬记入"财务费用"科目

7. 下列各项中,应作为职工薪酬计入相关资产成本的有(　　)。
　　A. 设备采购人员差旅费　　　B. 公司总部管理人员的工资
　　C. 生产职工的伙食补贴　　　D. 材料入库前挑选整理人员工资

做题记录

8. 下列各项中,属于离职后福利的有( )。

   A. 设定提存计划　　　　　　B. 短期利润分享计划

   C. 设定受益计划　　　　　　D. 非货币性福利

9. 非货币性薪酬主要为非货币性福利,通常包括的内容有( )。

   A. 企业以自己的产品发放给职工作为福利

   B. 向职工无偿提供企业拥有的房屋等固定资产使用

   C. 为职工无偿提供类似医疗保健等服务

   D. 向社会保险经办机构缴纳的养老保险费

10. 下列各项中,属于企业作为职工薪酬计入相关资产成本或当期损益的有( )。

    A. 为职工支付的补充养老保险

    B. 因解除职工劳动合同支付的补偿款

    C. 为职工进行健康检查而支付的体检费

    D. 职工报销的交通费

三、判断题

1. 企业发放的各种工资、补贴、津贴等均包括在职工薪酬总额内。（　　）
2. 因解除与职工的劳动关系给予的补偿,属于企业短期薪酬核算范围。（　　）
3. 2026年3月1日,某企业将自产的货物赠送他人,应视同应税交易计算应交增值税,借记"应付职工薪酬"科目,贷记"库存商品""应交税费——应交增值税(进项税额转出)"等科目。（　　）
4. 企业代扣代缴的个人所得税,应通过"其他应付款"科目核算。（　　）

解题心得

5. 某企业职工张某经批准获得探亲假5天,企业确认为非累积带薪缺勤,该企业应当在其休假期间确认与非累积带薪缺勤相关的职工薪酬。　　　（　　）

6. 企业向职工食堂、职工医院、生活困难职工等支付职工福利费,应借记"应付职工薪酬——职工福利费"科目。　　　（　　）

7. 企业的工资总额都应计入产品成本。　　　（　　）

8. 2026年3月10日,某公司外购保湿器向职工发放作为福利,同时要根据相关税收规定,视同应税交易计算增值税销项税额。　　　（　　）

9. 企业在资产负债表日为换取职工在会计期间提供的服务而向单独主体缴存的提存金,应确认为应付职工薪酬。　　　（　　）

10. 将自产应税消费品作为福利发给职工,需要计算缴纳消费税,记入"税金及附加"科目。　　　（　　）

四、业务题

1. 某棉纺企业为增值税一般纳税人,适用的增值税税率为13%。2023年12月该企业发生有关交易事项如下:

   (1) 5日,为4名副总裁以上高级管理人员每人租赁一套公寓免费使用,每套公寓的月租金为8 000元,按月以银行存款支付。

   (2) 10日,为30名生产工人提供免费住宿,房屋月计提折旧合计为45 000元。

   (3) 14日,以自产的毛巾被作为非货币性福利发放给生产工人。该批毛巾被的市场售价总额为40 000元(不含增值税),成本总额为25 000元。

   (4) 16日,外购90桶食用油作为员工福利发放,每桶食用油买价为113元(含增值税13元),款项以银行存款支付。企业有管理人员8名,生产工人 30 名,生产管理人员 2 名,销售人员 5 名,共 45 名员工。

(5) 20 日,为鼓励职工自愿接受裁减而给与补偿,总计补偿金额 250 000 元。辞退一名生产工人,补偿 100 000 元,辞退一名销售人员,补偿 150 000 元,款项以银行存款支付。

(6) 21 日,开出现金支票支付职工探亲路费火车票 1 586 元。

(7) 25 日,预计由于职工累积未使用的带薪年休假权利而导致的预期支付的金额为 10 000 元。假定该企业实行累积带薪缺勤制度,适用范围仅限于中层以上管理人员。

(8) 28 日,以银行存款向食堂支付补贴,标准为每人每天 12 元,每月按 21 天计算,公司共有 45 名员工。

要求:根据上述资料,编制该棉纺企业的相关会计分录。

解题心得

2. 新华有限责任公司为增值税一般纳税人,适用的增值税税率为13%。2023年10月有关职工薪酬业务如下:

(1) 本月各部门工资分配结果如表5-1所示。

表5-1　　　　　　　　　　企业各部门工资分配表
　　　　　　　　　　　　　　　2023年10月　　　　　　　　　　　　　　单位:元

部门	总经理办公室	财务部	行政人事部	车间生产部	车间管理部门	销售门店	采购部	仓储部	研发部	合计
工资	60 000	40 000	45 000	150 000	50 000	35 000	25 000	20 000	20 000	445 000

(2) 本月结算本月应付工资,并从工资中扣除代扣款项,以银行存款发放职工工资,代扣金额明细如表5-2所示。

表5-2　　　　　　　　　　　　代扣金额明细表
　　　　　　　　　　　　　　　2023年10月　　　　　　　　　　　　　　单位:元

部门	应付工资	代扣"三险一金"				代扣个人所得税	代垫医药费	实发工资
		代扣养老保险(8%)	代扣医疗保险(2%)	代扣失业保险(0.5%)	代扣住房公积金(8%)			
总经理办公室	60 000	4 800	1 200	300	4 800	600		48 300
财务部	40 000	3 200	800	200	3 200	200		32 400
行政人事部	45 000	3 600	900	225	3 600	450		36 225
车间生产部	150 000	12 000	3 000	750	12 000	75	3 000	119 175
车间管理人员	50 000	4 000	1 000	250	4 000	320		40 430

做题记录

续　表

部　门	应付工资	代扣"三险一金"				代扣个人所得税	代垫医药费	实发工资
		代扣养老保险(8%)	代扣医疗保险(2%)	代扣失业保险(0.5%)	代扣住房公积金(8%)			
销售门店	35 000	2 800	700	175	2 800	500		28 025
采购部	25 000	2 000	500	125	2 000	300		20 075
仓储部	20 000	1 600	400	100	1 600	150		16 150
研发部	20 000	1 600	400	100	1 600	230		16 070
合计	445 000	35 600	8 900	2 225	35 600	2 825	3 000	356 850

(3) 计提企业"四险一金"，企业"四险一金"计提表如表 5-3 所示。

表 5-3　　　　　　　　企业"四险一金"计提表
2023 年 10 月　　　　　　　　　　　　　　单位：元

部门	总经理办公室	财务部	行政人事部	车间生产部	车间管理部门	销售门店	采购部	仓储部	研发部	合计
工资	60 000	40 000	45 000	150 000	50 000	35 000	25 000	20 000	20 000	445 000
养老保险(20%)	12 000	8 000	9 000	30 000	10 000	7 000	5 000	4 000	4 000	89 000
医疗保险(9%)	5 400	3 600	4 050	13 500	4 500	3 150	2 250	1 800	1 800	40 050
工伤保险(1%)	600	400	450	1 500	500	350	250	200	200	4 450

> 解题心得

续　表

失业保险(1.5%)	900	600	675	2 250	750	525	375	300	300	6 675
住房公积金(10%)	6 000	4 000	4 500	15 000	5 000	3 500	2 500	2 000	2 000	44 500
合计	24 900	16 600	18 675	62 250	20 750	14 525	10 375	8 300	8 300	184 675

（4）按照工资的14%计提职工福利费，如表5-4所示。

表5-4　　　　　　　　　企业职工福利费计提表
2023年10月　　　　　　　　　　　　单位：元

部门	总经理办公室	财务部	行政人事部	车间生产部	车间管理部门	销售门店	采购部	仓储部	研发部	合计
工资	60 000	40 000	45 000	150 000	50 000	35 000	25 000	20 000	20 000	445 000
职工福利费(14%)	8 400	5 600	6 300	21 000	7 000	4 900	3 500	2 800	2 800	62 300

（5）按照工资的2%和8%计提工会经费和职工教育经费，如表5-5所示。

表5-5　　　　　企业工会经费和职工教育经费计提表
2023年10月　　　　　　　　　　　　单位：元

部门	总经理办公室	财务部	行政人事部	车间生产部	车间管理部门	销售门店	采购部	仓储部	研发部	合计
工资	60 000	40 000	45 000	150 000	50 000	35 000	25 000	20 000	20 000	445 000

做题记录

续　表

工会经费(2%)	1 200	800	900	3 000	1 000	700	500	400	400	8 900
职工教育经费(8%)	4 800	3 200	3 600	12 000	4 000	2 800	2 000	1 600	1 600	35 600

（6）本月公司向社会保险经办机构缴纳社会保险费，向住房公积金中心缴纳住房公积金。

（7）公司因经营业绩不佳，订单减少，决定辞退 2 名生产工人，每人补偿 80 000 元。

（8）财务部职工李佳外出参加技能培训，取得增值税专用发票，列示培训费用 1 000 元、增值税 60 元。

（9）向税务机关缴纳代扣个人所得税。

要求：根据上述资料，编制新华有限责任公司的相关会计分录。

解题心得

项目笔记

项目笔记

项目笔记

学习进度 74%，本项目的难题都难不倒你，下个项目你定能再创佳绩！

核算与控制成本与期间费用

一、单项选择题

1. 下列各项中,应记入"财务费用"科目的是(　　)。
   A. 商业折扣　　　　　　　B. 现金折扣
   C. 销售退回　　　　　　　D. 销售折让

2. 下列各项中,不属于费用的项目是(　　)。
   A. 董事会费　　　　　　　B. 劳动保险费
   C. 销售人员工资　　　　　D. 车间管理人员工资

3. 罚没支出属于(　　)。
   A. 主营业务成本　　　　　B. 其他业务成本
   C. 营业外支出　　　　　　D. 管理费用

4. 下列各项中,不应确认为"营业外支出"的项目是(　　)。
   A. 公益性捐赠支出　　　　B. 无形资产转让损失
   C. 固定资产盘亏损失　　　D. 销售材料成本

5. 下列关于"销售费用"科目的表述中,不正确的是(　　)。
   A. 属于损益类科目

解题心得

B. 借方登记本期发生的各项销售费用

C. 贷方登记期末结转"本年利润"科目的销售费用

D. 期末借方余额表示尚未结转的销售费用

6. 下列各项中,不计入税金及附加的税金是(   )。

    A. 增值税　　　　　　　　B. 房产税

    C. 印花税　　　　　　　　D. 消费税

7. 专设销售机构发生的办公费用,应当计入(   )。

    A. 管理费用　　　　　　　B. 销售费用

    C. 财务费用　　　　　　　D. 营业外支出

8. 下列各项中,不计入"管理费用"的项目是(   )。

    A. 董事会费　　　　　　　B. 利息支出

    C. 研究费用　　　　　　　D. 业务招待费

9. 下列各项中,不计入财务费用的项目是(   )。

    A. 现金折扣　　　　　　　B. 利息收入

    C. 商业折扣　　　　　　　D. 银行手续费

10. 发生的固定资产净盘亏应记入(   )科目。

    A. "固定资产清理"　　　　B. "其他业务成本"

    C. "管理费用"　　　　　　D. "营业外支出"

11. 技术转让费应记入(   )科目。

    A. "主营业务成本"　　　　B. "其他业务成本"

    C. "管理费用"　　　　　　D. "销售费用"

12. 企业支付的税款滞纳金应当计入(   )。

做题记录

A. 财务费用　　　　　　　　B. 其他业务成本
C. 营业外支出　　　　　　　D. 销售费用

13. 下列各项中,不应计入销售费用的支出是(　　)。

A. 广告费和展览费　　　　　B. 销售商品发生的代垫运输费
C. 销售商品发生的运输费　　D. 售后服务网点工作人员的工资

二、多项选择题

1. 下列各项中,属于财务费用的项目有(　　)。

A. 发生的现金折扣　　　　　B. 利息支出
C. 利息收入　　　　　　　　D. 金融机构手续费

2. 下列各项中,年末应无余额的科目有(　　)。

A. "主营业务成本"　　　　　B. "营业外收入"
C. "利润分配"　　　　　　　D. "投资收益"

3. 可以计入利润表"税金及附加"项目的有(　　)。

A. 增值税　　　　　　　　　B. 城市维护建设税
C. 教育费附加　　　　　　　D. 消费税

4. 下列各项中,影响营业利润的项目有(　　)。

A. 支付的广告费　　　　　　B. 发生的业务招待费
C. 收到的罚没收入　　　　　D. 发生的利息支出

5. 下列各项中,属于管理费用的项目有(　　)。

A. 产品包装费　　　　　　　B. 技术转让费
C. 展览费　　　　　　　　　D. 财产保险费

解题心得

6. 下列各项中,应计入管理费用的有(　　　)。
   A. 财产保险费　　　　　　B. 筹建期间的开办费
   C. 车船税　　　　　　　　D. 业务招待费

三、判断题

1. 企业为拓展销售市场而发生的业务招待费,应计入销售费用。　　(　　)
2. 企业生产过程发生的所有支出均构成企业的费用。　　　　　　　(　　)
3. 费用和损失是指企业在日常活动中发生的、会导致所有者权益减少与向所有者分配利润无关的经济利益的总流出。　　　　　　　　　　　　　(　　)
4. 企业取得收入和发生费用,最终会导致所有者权益发生变化。　　(　　)
5. 费用类科目在转入"本年利润"科目后,通常期末无余额。　　　　(　　)
6. 管理费用是企业为筹集生产经营资金而发生的费用。　　　　　　(　　)
7. 现金折扣应当在实际发生时计入当期财务费用。　　　　　　　　(　　)

四、业务题

1. EQ公司为增值税一般纳税人,适用的增值税税率为13%。该公司8月发生如下经济业务:
   (1) 签发转账支票支付广告费8 000元(含税,增值税税率为6%)。
   (2) 用现金支付印花税600元。
   (3) 用现金700元支付销售商品的运输劳务费。
   (4) 签发转账支票1 520元支付咨询机构技术咨询费(含税,增值税税率为6%)。

> **做题记录**

(5) 签发转账支票1 300元支付招待客户费用(含税,增值税税率为6%)。

(6) 结转本月退回商品销售成本8 000元。

(7) 接银行通知,已从企业存款户中扣收银行手续费2 000元(含税,增值税税率为6%)。

(8) 采购员出差归来报销差旅费1 880元(为高铁票,增值税税率为9%),并交回剩余现金120元。

(9) 本月应发管理部门人员工资16 000元,专设销售机构人员工资15 000元。

(10) 计提本月固定资产折旧费10 000元,其中:生产部门7 000元,管理部门2 000元,经营性租出1 000元。

(11) 结转本月销售商品实际成本150 000元、销售材料实际成本10 000元。

(12) 按规定计算本月应交城市维护建设税2 800元、应交教育费附加1 200元。

(13) 按规定计算本月应交房产税3 000元、车船税2 500元、土地使用税1 800元。

要求:根据以上经济业务资料,编制EQ公司相关的会计分录。

解题心得

2. 假设业务题1中的EQ公司为增值税小规模纳税人,适用征收率为3%。EQ公司发生的经济业务不变,均取得增值税普通发票。

要求:根据业务题1和业务题2的经济业务资料,编制相关的会计分录。

做题记录

3. LTY公司为增值税一般纳税人，适用的增值税税率为13%。该公司发生以下经济业务：

(1) 支付办理银行承兑汇票手续费1 000元（含税，增值税税率为6%）。

(2) 用银行存款支付业务招待费2 000元（含税，增值税税率为6%）。

(3) 接银行收款通知，收到短期借款利息800元。

(4) 计提销售机构固定资产折旧费900元。

(5) 根据工资结算汇总表，本月专设销售机构人员工资20 000元，企业管理人员工资为50 000元。

(6) 开出转账支票支付印花税200元、车船税5 500元。

(7) 用银行存款向火灾灾区捐款80 000元。

要求：根据以上经济业务资料，编制LTY公司相关的会计分录。

解题心得

项目笔记

项目笔记

项目笔记

项目七 核算财务成果

一、单项选择题

1. 下列各项中,不应确认为营业外支出的是(　　)。

    A. 对外捐赠支出

    B. 债务重组损失

    C. 计提的存货跌价准备

    D. 固定资产盘亏损失

2. 某企业去年发生亏损 235 000 元,按规定可以用本年度实现的利润弥补去年全部亏损时,会计处理应为(　　)。

    A. 借：利润分配——弥补亏损　　　　　　　　235 000
       　　贷：利润分配——未分配利润　　　　　　　　　235 000

    B. 借：盈余公积　　　　　　　　　　　　　　235 000
       　　贷：利润分配——未分配利润　　　　　　　　　235 000

    C. 借：其他应收款　　　　　　　　　　　　　235 000
       　　贷：利润分配——未分配利润　　　　　　　　　235 000

    D. 不作账务处理

解题心得

3. 下列各项中,不影响企业营业利润的项目是( )。
   A. 主营业务收入　　　　　　B. 劳务收入
   C. 固定资产租金收入　　　　D. 营业外收入

4. 某工业企业本期的财务数据如下:营业收入 100 万元,营业成本 50 万元,管理费用 10 万元,投资收益 20 万元,所得税费用 18 万元。假定不考虑其他因素,该企业本期营业利润为( )万元。
   A. 40　　　　B. 42　　　　C. 60　　　　D. 72

5. 根据企业会计准则的规定,企业支付的税款滞纳金应当记入( )科目。
   A. "财务费用"　　　　　　B. "其他业务成本"
   C. "销售费用"　　　　　　D. "营业外支出"

6. 企业发生的违约金支出应计入( )。
   A. 销售费用　　　　　　　B. 营业外支出
   C. 其他业务成本　　　　　D. 财务费用

7. 下列各项中,属于营业外收入的项目是( )。
   A. 罚没收入　　　　　　　B. 销售商品收入
   C. 转让材料收入　　　　　D. 提供劳务收入

8. 罚没支出属于( )。
   A. 主营业务成本　　　　　B. 其他业务成本
   C. 营业外支出　　　　　　D. 管理费用

9. 下列各项中,不应确认为营业外支出的项目是( )。
   A. 公益性捐赠支出　　　　B. 无形资产转让损失
   C. 固定资产盘亏损失　　　D. 销售材料成本

做题记录

10. 下列各项中,不影响企业营业利润的项目是(　　)。
    A. 商品销售收入　　　　　　　B. 固定资产租金收入
    C. 劳务收入　　　　　　　　　D. 罚没收入

11. 专设销售机构发生的办公费用,应当计入(　　)。
    A. 管理费用　　B. 销售费用　　C. 财务费用　　D. 营业外支出

12. 某公司为增值税一般纳税人,2024年应交各种税金为:增值税税额为50万元,消费税税额为150万元,城市维护建设税税额为14万元,房产税税额为10万元,车船税税额为5万元。上述各项税金中,应记入"税金及附加"科目的金额为(　　)万元。
    A. 50　　　　　B. 179　　　　C. 200　　　　D. 29

13. 发生的固定资产净盘亏应记入(　　)科目。
    A. "固定资产清理"　　　　　　B. "其他业务成本"
    C. "管理费用"　　　　　　　　D. "营业外支出"

14. 企业支付的税款滞纳金应当计入(　　)。
    A. 财务费用　　　　　　　　　B. 其他业务成本
    C. 营业外支出　　　　　　　　D. 销售费用

15. 企业的营业利润为110万元,管理费用为15万元,投资收益为30万元,营业外收支净额为30万元,则该企业本期利润总额为(　　)万元。
    A. 80　　　　　B. 140　　　　C. 155　　　　D. 170

16. 下列各项中,能引起营业利润增加的项目是(　　)。
    A. 营业外收入增加　　　　　　B. 财务费用增加
    C. 管理费用减少　　　　　　　D. 投资收益减少

解题心得

17. 下列各项中,应作为当期营业利润扣除项目的是( )。

　　A. 增值税　　　　　　　　　B. 广告费

　　C. 出售无形资产净损失　　　　D. 罚款支出

18. 在计算应纳税所得额时,下列各项中,不得扣除的支出是( )。

　　A. 职工福利费　　　　　　　　B. 租入固定资产租赁费

　　C. 赞助支出　　　　　　　　　D. 公益性捐赠支出

二、多项选择题

1. 下列各项中,应计入营业外支出的有( )。

　　A. 出售无形资产净损失　　　　B. 火灾造成的存货损毁净损失

　　C. 交纳的税收滞纳金　　　　　D. 捐赠支出

2. 下列各项中,不属于营业外收入的有( )。

　　A. 转让无形资产使用权取得的收入

　　B. 存货的盘盈

　　C. 无法支付的应付账款

　　D. 出租固定资产的收入

3. 下列各项中,年末应无余额的科目有( )。

　　A. "主营业务收入"　　　　　　B. "营业外收入"

　　C. "利润分配"　　　　　　　　D. "投资收益"

4. 下列各项中,影响营业利润的项目有( )。

　　A. 支付的广告费　　　　　　　B. 发生的业务招待费

　　C. 收到的罚没收入　　　　　　D. 发生的利息支出

做题记录

5. 下列各项中,期末应结转到"本年利润"科目的有( )。

   A. 营业外收入　　　　　　　B. 营业外支出

   C. 投资收益　　　　　　　　D. 营业利润

6. 下列各项中,属于营业外支出核算内容的项目有( )。

   A. 固定资产盘亏　　　　　　B. 公益性捐赠支出

   C. 罚款支出　　　　　　　　D. 非常损失

7. 下列各项中,影响当期利润总额的项目有( )。

   A. 固定资产盘亏　　　　　　B. 确认所得税费用

   C. 公益性捐赠　　　　　　　D. 无形资产出售利得

8. 企业的利润总额由( )因素组成。

   A. 营业利润　　B. 投资收益　　C. 营业外收入　　D. 营业外支出

9. 下列各项中,属于纳税调整额项目的有( )。

   A. 超过税法规定标准的业务招待费支出

   B. 税收滞纳金

   C. 国债利息收入

   D. 捐赠利得

10. 下列各项中,不影响营业利润的项目有( )。

    A. 投资收益或亏损　　　　　B. 固定资产处置利得

    C. 捐赠利得　　　　　　　　D. 非常损失

三、判断题

1. 营业外收入不需要企业付出代价,因此不需要与有关费用配比。　　( )

解题心得

2. 营业外收入、管理费用和销售费用都会影响企业的营业利润。（   ）
3. 企业当期应交所得税等于当期利润总额乘以所得税税率。（   ）
4. 企业应纳所得税额等于本年度利润总额乘以适用的所得税税率。（   ）
5. "本年利润"科目年末应无余额。（   ）
6. 当年盈利则年度终了结账时，应按盈利金额借记"利润分配——未分配利润"科目，贷记"本年利润"科目。（   ）
7. 企业应根据股东大会或类似机构通过的利润分配方案，按应支付的现金股利或利润，借记"利润分配"科目，贷记"应付利润（或股利）"科目。（   ）
8. 企业董事会或类似机构通过的利润分配方案中拟分配的现金股利或利润，在核算时，应借记"利润分配"科目，贷记"应付利润（或股利）"科目。（   ）

四、业务题

（一）某企业 2024 年 1～11 月累计实现利润总额 200 0000 元，所得税税率为 25%，应交所得税为 500 000 元（假设没有纳税调整事项）。12 月月末结账前，各损益类账户的余额如表 7-1 所示。

表 7-1　　　　　　　　　各损益类账户余额表
2024 年 1～11 月　　　　　　　　　　　　　　　　　单位：元

账户名称	借方余额	贷方余额	备注
主营业务收入		800 000	
其他业务收入		150 000	

做题记录

续　表

账户名称	借方余额	贷方余额	备注
投资收益		100 000	与投资单位所得税率相同
营业外收入		30 000	
主营业务成本	300 000		
销售费用	50 000		
税金及附加	9 000		
其他业务成本	100 000		
管理费用	201 000		
财务费用	100 000		
营业外支出	40 000		

要求：

1. 根据上述资料计算以下项目：

(1) 本月营业利润。

(2) 本月利润总额。

(3) 本月净利润。

(4) 本年利润总额。

(5) 本年净利润。

2. 计算本年应交所得税，并作出12月相应的账务处理。

解题心得

3. 该企业年末按全年净利润提取法定盈余公积 10%，分配现金股利 60%，请进行相应的计算和账务处理。

（二）EQ 公司 12 月发生的部分经济业务如下：

1. 4 日，经确认将无法支付 FAE 公司的应付账款 8 000 元转作营业外收入。

2. 10 日，收到合同违约罚款收入 9 000 元（含税，增值税税率为 13%），已存入银行。

3. 12 日，开出转账支票进行非公益性捐赠 8 500 元。

4. 17 日，开出转账支票支付税收滞纳金 1 500 元。

5. 26 日，经批准结转出售固定资产发生的净损失 1 000 元。

6. 31 日，将本月损益类科目余额转入"本年利润"科目。各损益类科目余额如下：

主营业务收入　　（贷方）　　　　800 000 元

主营业务成本　　（借方）　　　　460 000 元

税金及附加　　　（借方）　　　　4 800 元

其他业务收入　　（贷方）　　　　70 000 元

其他业务成本　　（借方）　　　　53 000 元

做题记录

销售费用	（借方）	6 500 元
管理费用	（借方）	45 000 元
财务费用	（借方）	5 000 元
投资收益	（贷方）	8 200 元
营业外收入	（贷方）	17 000 元
营业外支出	（借方）	11 000 元

7. 31 日，假设本月发生国债利息收入 18 000 元、税收滞纳金 1 500 元、非公益性捐赠支出 8 500 元，计算并结转本月所得税费用（所得税税率为 25%）。

8. 31 日，经股东大会决定，用法定盈余公积弥补亏损 200 000 元。

9. 31 日，将本年度实现的税后利润 2 000 000 元，从"本年利润"科目转入"利润分配"科目。

10. 31 日，按税后利润的 10% 的比例分别提取法定盈余公积和任意盈余公积，并向投资者分配利润 750 000 元，年初未分配利润为借方 300 000 元。

11. 将"利润分配"各明细科目余额转入"利润分配——未分配利润"明细科目。

要求：

1. 计算 EQ 公司 12 月营业利润、利润总额、应纳税所得额、应交所得税及净利润。

2. 根据以上经济业务资料，编制相关的会计分录。

3. 计算年末未分配利润。

解题心得

五、综合实务题

LTY公司为增值税一般纳税人,适用的增值税税率为13%。该公司5月发生了以下经济业务:

1. 5月1日,向TL公司销售C0商品4 000件,每件不含税售价为50元。商品已发出,货税款采用银行承兑汇票方式结算,期限为1个月。同时,签发转账支票支付所售商品的运输费900元(含税,增值税税率为9%)。

2. 5月2日,向BY公司销售C1商品2 000件,每件不含税售价为30元。已办妥托收手续。商品已发出。

3. 5月6日,货到后BY公司发现该批C1商品不符合质量要求。经协商双方,LTY公司同意在价格上给予20%的折让。

4. 5月7日,接银行收款通知,BY公司所购C1商品的价款已收妥入账。

5. 5月8日,出售不需用的K1材料一批,收到价款11 300元存入银行,其中含有1 300元的增值税税额。该批材料实际成本为7 500元。

6. 5月10日,向AM公司销售C2商品3 000件,每件不含税售价为100元。为了鼓励客户多购商品,同意给予AM公司20%的商业折扣。商品已发出,货款已收存银行。

7. 5月10日,向XHL公司销售C3商品1 000件。合同规定不含税销售单价为每件200元,现金折扣条件为"3/10,2/20,n/30"。

8. 5月28日,收到XHL公司的C3商品货款存入银行。

9. 收到上月(4月)售出,因质量严重不合格,被购买方退回的D商品。该批商品成本为4 000元,原价款为5 000元,增值税税额为650元,且4月月底已结转销售成本。现签发转账支票一张退回货款及税款。

10. 5月29日，支付办理银行承汇票手续费1 000元（含税，增值税税率为6%）。

11. 5月29日，用银行存款支付业务招待费2 000元（含税，增值税税率为6%）。

12. 5月30日，接银行收款通知，收到短期借款利息800元。

13. 5月31日，计提销售机构固定资产折旧费900元。

14. 根据工资结算汇总表，本月专设销售机构人员工资20 000元，企业管理人员工资为50 000元。

15. 5月31日，开出转账支票支付印花税200元、车船税5 500元。

16. 5月31日，用银行存款向火灾灾区捐款80 000元。

17. 5月31日，收到合同违约罚款收入11 000元（不含税）并存入银行。

18. 5月31日，收到出租固定资产的租金收入5 000元（含税）并存入银行。

19. 5月31日，收到联营单位分派的现金股利6 000元并存入银行。

20. 5月31日，结转处置固定资产的净收益2 000元。

21. 5月31日，结转本月销售商品的实际成本，其中：C0商品130 000元，C1商品35 000元，C2商品180 000元，C3商品140 000元。

22. 5月31日，将本月损益类科目余额转入"本年利润"科目。

23. 假设无纳税调整项目，按25%的所得税税率计算并结转所得税费用。

24. 用盈余公积40 000元弥补以前年度亏损。

25. 本年度净利润100 000元，提取法定盈余公积10 000元，提取任意盈余公积20 000元，向投资者分配利润70 000元。

要求：根据以上经济业务资料，编制相关的会计分录。

解题心得

做题记录

项目笔记

项目笔记

学习进度 90%，本项目的收获是你实力的见证，向着更高的目标，奋勇攀登！

项目八 编制财务报表

一、单项选择题

1. 下列各项中,不属于资产负债表中所有者权益类单独列示的项目是( )。
   A. 本年利润　　　　　　　B. 实收资本
   C. 资本公积　　　　　　　D. 未分配利润

2. 在利润表中,从利润总额中减去( ),得出净利润。
   A. 期间费用　　　　　　　B. 利润分配数
   C. 营业外收支　　　　　　D. 所得税费用

3. 某企业采用计划成本核算材料成本,2024年12月31日结账后有关科目余额如下:"材料采购"科目余额为800 000元(借方),"原材料"科目余额为1 000 000元(借方),"周转材料"科目余额为200 000元(借方),"库存商品"科目余额为500 000元(借方),"生产成本"科目余额为200 000元(借方),"材料成本差异"科目余额为20 000元(贷方),"存货跌价准备"科目余额为30 000元(贷方),"工程物资"科目余额为10 000元(借方)。该企业2024年12月31日资产负债表中的"存货"项目金额为( )元。
   A. 2 450 000　　B. 2 650 000　　C. 2 660 000　　D. 2 680 000

解题心得

4. 下列各项中,属于会计核算最终成果的是( )。
   A. 会计账簿　　　　　　　　B. 会计凭证
   C. 会计报表　　　　　　　　D. 经营业绩

5. 在资产负债表中,属于流动资产项目的是( )。
   A. 预付款项　　　　　　　　B. 预收款项
   C. 应付债券　　　　　　　　D. 工程物资

6. 下列各项中,反映企业在一定会计期间的经营成果的财务报表是( )。
   A. 附注　　　　　　　　　　B. 利润表
   C. 现金流量表　　　　　　　D. 资产负债表

7. 资产负债表中的"应付账款"项目,应( )。
   A. 直接根据"应付账款"科目的期末贷方余额填列
   B. 根据"应付账款"科目的期末贷方余额和"应收账款"科目的期末贷方余额计算填列
   C. 根据"应付账款"科目的期末贷方余额和"预付账款"科目的期末贷方余额计算填列
   D. 根据"应付账款"科目和"预付账款"科目所属相关明细科目的期末贷方余额计算填列

8. 按照现行的企业会计准则,财务报表不包括的是( )。
   A. 资产负债表　　　　　　　B. 利润分配表
   C. 所有者权益变动表　　　　D. 现金流量表

9. 甲公司当月的资产总额为600万元,流动负债总额为150万元,所有者权益总额为400万元,则月末该公司的非流动负债总额为( )。

做题记录

A. 50万元 B. 100万元

C. 150万元 D. 300万元

10. 下列关于资产负债表的格式的表述中,不正确的是(　　)。

　　A. 我国企业的资产负债表采用报告式结构

　　B. 资产负债表左方为资产项目,按资产的流动性大小排列

　　C. 资产负债表右方为负债和所有者权益项目,按求偿权先后顺序排列

　　D. 资产负债表的格式主要有账户式和报告式

二、多项选择题

1. 一套完整的财务报表至少应包括(　　)。

　　A. 利润表 B. 现金流量表

　　C. 资产负债表 D. 所有者权益变动表

2. 资产负债表中"货币资金"项目的期末数应根据(　　)等科目的期末借方余额填列。

　　A. "库存现金" B. "银行存款"

　　C. "其他货币资金" D. "交易性金融资产"

3. 下列各项中,不应在企业利润表中单独列示的项目有(　　)。

　　A. "营业收入" B. "主营业务成本"

　　C. "主营业务收入" D. "公允价值变动损益"

4. 企业编制财务报表的基本要求包括(　　)。

　　A. 各会计期间财务报表项目列报要保持一致性

　　B. 财务报表项目应当以总额列报

解题心得

C. 至少应当提供所有列报项目上一个可比会计期间的比较数据

D. 应当提供所有列报项目各会计期间的比较数据

5. 财务报告按编制主体分为(　　)。

   A. 利润表　　　　　　　　B. 资产负债表

   C. 个别财务报表　　　　　D. 合并财务报表

6. 资产负债表中"期末余额"栏的资料来源包括(　　)。

   A. 总账余额　　　　　　　B. 明细账余额

   C. 日记账余额　　　　　　D. 备查登记簿记录

7. 下列各项中,属于财务报表使用者通过利润表可以了解的信息的有(　　)。

   A. 了解企业资产变动情况

   B. 了解企业收入、费用及利润的实现情况

   C. 了解企业的获利能力

   D. 了解投资者投入资本的保值增值能力

8. 下列各项中,可以通过资产负债表反映的有(　　)。

   A. 某一时点的财务状况　　B. 某一时点的偿债能力

   C. 某一期间的经营成果　　D. 某一期间的获利能力

9. 下列各项中,应根据总账科目和明细科目余额计算填列的项目有(　　)。

   A. 长期借款　　　　　　　B. 应付利息

   C. 长期待摊费用　　　　　D. 长期应付款

10. 编制资产负债表时,不记入"存货"项目的有(　　)。

    A. 原材料　　　　　　　　B. 材料成本差异

    C. 制造费用　　　　　　　D. 工程物资

做题记录

三、判断题

1. 资产负债表中"其他应收款"项目应根据"其他应收款"科目的期末余额合计数,减去"坏账准备"科目中相关坏账准备期末余额后的金额填列。（　）

2. "应收票据"项目应根据"应收票据"总账科目余额填列。（　）

3. 多步式利润表中,各项期间费用是营业利润计算过程中的减项。（　）

4. 资产负债表中存货、货币资金、应付账款、应收账款都是根据总账科目余额计算填列的。（　）

5. 财务报表项目的列报应当在各个会计期间保持一致,不得变更。（　）

6. 利润表中营业利润减去管理费用、销售费用、财务费用和所得税费用后得到净利润。（　）

7. 编制利润表时,假定"公允价值变动收益"科目和"投资收益"科目的净额为借方发生额,填写的方法为以正数填列。（　）

8. 财务报告包括财务报表和其他应当在财务报告中披露的相关信息和资料。（　）

9. 收入、费用和利润之间的恒等关系是复式记账法的理论基础,也是企业编制利润表的基础。（　）

10. 资产负债表中各项目的"期末余额",都可以根据总账科目和有关明细科目的期末余额直接填列。（　）

四、业务题

1. M 公司适用的所得税税率是 25%,该公司 2024 年 1 月至 11 月各损益类科目的累计发生额和 12 月底转账前各损益类科目的发生额如表 8-1 所示。

解题心得

表8-1　　　　　　　　　　　M公司各科目发生额

单位：元

科目名称	12月发生额		1月至11月累计发生额	
	借方	贷方	借方	贷方
主营业务收入		418 000		
其他业务收入		9 500		45 000
主营业务成本	252 500			
其他业务成本	7 500		32 500	
税金及附加	1 000		29 000	
销售费用	2 600		10 000	
财务费用	3 000		30 000	
管理费用	4 400		50 000	
投资收益	13 000			26 700
营业外收入		3 000		
营业外支出	2 000		11 000	

要求：假定不考虑其他纳税事项，填写M公司2024年度利润表的下列报表项目金额。

（1）营业收入（　　　　）元。

（2）营业成本（　　　　）元。

（3）营业利润（　　　　）元。

做题记录

(4) 利润总额（　　　　）元。

(5) 所得税费用（　　　　）元。

(6) 净利润（　　　　）元。

2. 天天公司2024年12月月初有关科目余额如表8-2所示。

表8-2　　　　　　　　天天公司科目余额表
2024年12月月初　　　　　　　　单位：元

科 目 名 称	借方余额	科 目 名 称	贷方余额
库存现金	2 000	累计折旧	43 000
银行存款	70 000	坏账准备——应收账款	3 250
应收账款	58 000	应付账款	80 000
应收股利	300	应交税费	16 000
原材料	66 000	短期借款	27 000

解题心得

续 表

科 目 名 称	借方余额	科 目 名 称	贷方余额
库存商品	108 000	实收资本	600 000
固定资产	459 000	本年利润	23 050
长期股权投资	86 000	利润分配	57 000
合计	849 300	合计	849 300

天天公司12月发生以下业务：

（1）采购员王芳预借差旅费800元，公司以现金支付。

（2）向欣欣公司采购材料一批，增值税专用发票列示的价款为20 000元、增值税税额为2 600元，货已入库，款未付。

（3）向甲公司销售商品600件，每件售价为120元，每件成本为80元。适用的增值税税率为13%，款项已收回，存入银行。

（4）从银行存款账户中归还短期借款17 000元以及本月借款利息180元。

（5）收到华夏公司所欠货款30 000元，存入银行。

（6）库存现金盘亏1 000元，无法查明原因。（做批准前和批准后）

要求：请根据上述资料，计算天天公司2024年12月31日资产负债表中下列报表项目的期末数，需要列出计算等式。

（1）货币资金 =

（2）应收账款 =

（3）其他应收款 =

做题记录

（4）存货＝

（5）固定资产＝

（6）应付账款＝

（7）短期借款＝

（8）应交税费＝

（9）未分配利润＝

解题心得

项目笔记

项目笔记

项目笔记

学习进度100%！你已突破重重难关，新的征程，你必将乘风破浪，向阳而生！